梧桐毓秀

桐乡大运河两岸人文往事

王立 著

图书在版编目(CIP)数据

梧桐毓秀:桐乡大运河两岸人文往事/王立著. —北京:中华书局,2024.8
(桐乡大运河文丛)
ISBN 978-7-101-16556-2

Ⅰ.梧… Ⅱ.王… Ⅲ.地方教育-教育史-研究-桐乡
Ⅳ.G527.554

中国国家版本馆 CIP 数据核字(2024)第 030322 号

书　　名	梧桐毓秀:桐乡大运河两岸人文往事
丛 书 名	桐乡大运河文丛
著　　者	王　立
封面题签	徐　俊
责任编辑	许庆江
装帧设计	许丽娟
责任印制	管　斌
出版发行	中华书局
	(北京市丰台区太平桥西里 38 号　100073)
	http://www.zhbc.com.cn
	E-mail:zhbc@zhbc.com.cn
图文制版	北京禾风雅艺文化发展有限公司
印　　刷	天津艺嘉印刷科技有限公司
版　　次	2024 年 8 月第 1 版
	2024 年 8 月第 1 次印刷
规　　格	开本/710×1000 毫米　1/16
	印张 15¾　字数 190 千字
国际书号	ISBN 978-7-101-16556-2
定　　价	136.00 元

序

　　中国是世界上著名的文明古国，这里的一切都渗透着一个"古"字，以县这个最基层的行政单位而论，自春秋战国开始陆续出现，到公元前221年秦始皇将县制推向全国，延续至今，已达两千多年。县的数量也由一千多增长到近三千。

　　就县龄而言，桐乡不算老，也不年轻，公元939年设县（乐史《太平寰宇记》），距今一千多年，初建时名崇德，县治设在义和市（今崇福镇）。到明宣德五年（1430），又一分为二，成崇德、桐乡二县，桐乡县治设在梧桐镇。到清代，因为崇德与清皇太极的年号相同，改名石门县，辛亥革命后改回原名。1958年，崇德县并入桐乡。1993年，桐乡又升格为县级市。

　　崇德成县虽不算早，却深得天时地利之便。它21岁时，就迎来了中华文化的巅峰期——宋朝，史学大师陈寅恪说："华夏民族之文化，历数千载之演进，造极于赵宋之世。"当时的全国经济文化重心由黄河中下游南移至长江下游，而崇德县正地处长江之南、钱塘江之北，我国唯一贯通南北的大动脉京杭运河，穿县城而过，离南宋之都杭州仅一百来里，属京畿地区。宋高宗为抗金曾九次路过崇德，住了九夜，甚至就地办公，这在全国县级的历史上是绝无仅有的。

宋代的县，按人口多少分为八个档次：赤、畿、望、紧、上、中、中下、下。崇德属中，算是比较小的县，但是凭借大运河贯穿全境的优势，经济得到飞速发展，一年的商税总额达4000多贯，超过了太原府下属的三个畿县（太谷、交城、文水）的总和（《宋会要·食货一六》）。

与此同时，它在文化教育上也迅速赶上或超越一些早建千年的古县。以办学与考进士为例。公元1085年，崇德县开办了培养人才的县学，《县学记》由百科全书式的大家沈括所撰，大书法家米芾书写，这样的盛事在县级教育史上是十分罕见的。办学不到四十年，奇迹出现了，1124年，沈晦考上状元。宋朝共118科，288个府州1234个县，平均两个州分不到一个状元，崇德一县就占了一个。曾经是华夏文明中心地区的河东（今山西大部及陕北神木、府谷），在宋代有11个府州81个县，才出了两名状元。进士的总数，崇德一县竟然与整个河东不差上下。更令人惊讶的是，崇德莫家五兄弟先后考中了进士，五子登科的佳话，宋代三百多年仅出现过两例，另一例是福建建安范氏五兄弟。反观河东，有几科甚至颗粒无收，急得司马光向朝廷提议，给河东一些特殊优惠政策。从这一对比，可以看出新兴的崇德县竞争力是多么强大！

宋代崇德县的知名度颇高，一些南来北往人士写的日记中经常会提到它。最早在日记中提及崇德县的是一位日本僧人成寻，他在《参天台五台山记》卷三说道，熙宁五年（1072）八月二十四日，乘坐杭州官员提供的大船，离开杭州到临平。二十五日经长安堰到崇德县，过夜。二十六日到秀州（嘉兴）。宋人日记中提及崇德县者有六种：赵鼎《丙辰笔录》绍兴六年（1136），郑刚中《西征道里记》绍兴九年（1139），周必大《归庐陵日记》隆兴元年（1163）及《南归录》乾道八年（1172），楼钥《北行日录》乾道五年（1169）与六年，陆游《入蜀记》乾道六年（1170）。赵鼎、周必大都是名相，楼钥为参知政事（副宰相），陆游是大诗人。他们的记载都是很有影响的。

还有一些没有紧迫事务的文人，他们经过崇德县时随时停留，观赏沿途美景，留下了许多诗篇。如书法家蔡襄、诗人陈与义、范成大、杨万里、叶绍翁，永嘉学派的代表人物叶适等均有咏崇德之诗流传于世。又，崇德离杭州甚近，大诗人苏轼曾与崇德县令周邠相唱和（《东坡诗集注》卷十二）。

宋代有大批镇市兴起，其中著名的有乌镇、青镇、石门镇等。乌镇、青镇隔河相对，河东为青镇，属崇德县；河西为乌镇，属湖州。乌镇、青镇本名乌墩镇、青墩镇，后避宋光宗赵惇讳，去掉墩字。镇虽分属两地，实际上融为一体，经济文化相当发达，其重要标志是修了镇志。宋代总共只修过两部镇志，其中之一即是《乌青记》（沈平撰）。

历史不会一帆风顺，蒙古铁骑踏碎了大宋社稷，华夏文化的高峰期中止了，社会开始走下坡路。当西方工业革命兴起时，清王朝却一味闭关自守，以致与西方的差距越拉越大，最终沦为半殖民地半封建社会。尽管如此，中华民族的文脉并没有断绝，而是顽强地延续下来。一百多年来，无数仁人志士艰苦奋斗，扭转了国运。特别是近几十年改革开放以来，国民经济飞速发展，中国迎来了新的辉煌期。桐乡又一次占了天时地利的光，它地处经济高速发展的长三角地区，离大都市上海甚近。大运河之外又有高铁、高速公路贯穿全境，经济发展的势头强劲，多年来稳居全国百强县之列。在文化资源开发上也有非凡的成就。乌镇已是享誉海内外的名镇，世界互联网大会的永久举办地，是桐乡市一张耀眼的名片。毋庸赘言。

这里需要多说几句的是，桐乡还有另外一张名片，那就是千年古县城——崇德。我国目前尚有数以百计的古镇，至于更高一级的县城，就少得可怜了，用"寥若晨星"之类的词语都无法形容，北方只留下一座平遥县城，列入联合国世界遗产名录。江南已找不到一座完整的县城，七十多年来，在旧貌换新颜的浪潮中，一座座县城都变了样，而崇德县因为早就并入桐乡，县城降格为崇福镇，受影响比较小，保存了较多的旧貌。

县城与镇不同，它是一县的政治、经济、文化、宗教的中心，有城墙、护城河、县衙门、监狱、文庙、城隍庙等，都是镇所没有的。而作为江南的县城，又与北方的县城大不一样。崇德有护城河，平遥没有；城内有河有桥，平遥也没有。到过平遥县城的再看这里，自有别样味道，县城河网密布，可以坐船在城内外游览，观赏小桥流水，湖光塔影，无须走回头路。城内房屋皆沿河而筑，穿过保存完整的横街，便是一条条弄堂。一座不大的县城，竟然有七十二个半条弄。最窄处，仅够一人欠身而过。大运河从城中间穿过，河西是衙门和热闹的商业区，县衙西有崇福寺（西寺），今存金刚殿，前有两塔，塔内藏有吴越王的涂金小塔。河东则有文庙，1946年我就在那里上学，庙很宽敞，墙边放着米芾书写的碑。庙前有高大的牌坊，两旁有千年古银杏树，南有荷花池、宝塔，庙后有纪念吕留良的亭子，环境幽雅宁静，是读书的好地方。古代县学多设在文庙里，这里曾培养出许多进士和举人。

根据崇德现有的条件，再适当修复城墙等建筑，无疑会成为江南第一古县城，足以与北方的平遥媲美。

世界上一些文明古国，往往辉煌一时，便陨灭了。唯有中华文明，绵延数千年，任何外力割不断，砸不烂。华夏文化究竟有何魅力，会如此坚韧不拔呢？许多海内外有识之士总想探个究竟，只是面对浩如烟海的中国古文献，不知道该如何下手。我觉得最简单的办法是，找一个县作为典型，仔细解剖一下，就能找见答案。正如俗话所说，一滴水珠能反映太阳的光辉。中共桐乡市委宣传部推出《桐乡大运河文丛》，从多个角度介绍全市的文化。当你看到一个刚过千年的县其文化已是那么厚重，那么精彩，就不难想象长达数千年的整个华夏文化是何等的惊人了。

李裕民

2023年11月19日

目　录

前言

　　五代后晋天福四年（939年），吴越国置崇德县。宋熙宁十年（1077年），割嘉兴县梧桐等五乡，划入崇德县辖地。元元贞元年（1295年），升崇德县为崇德州，至明洪武二年（1369年），崇德州恢复为县。明宣德五年（1430年），析崇德县东境六乡，置桐乡县。清康熙元年（1662年），改崇德县为石门县，至民国三年（1914年）复称崇德县。1958年，崇桐两县合并，称桐乡县。1993年，桐乡撤县设市，为桐乡市，迄今如是。

　　明成化初年，山西阳城进士杨继宗出任嘉兴知府，他对设置才三十多年的桐乡县颇感兴趣，了解其前生今世后，兴致勃勃地写下了一首诗《题桐乡县》："共说当年彩凤翔，圣朝新邑置桐乡。画工图像文明瑞，独立高冈朝太阳。"杨继宗是明代"不私一钱"的名臣，他在诗中引出了一个美好的传说，那就是"凤栖梧桐"。邑志载，县治所在地"昔多梧桐，相传五代时曾有凤凰来集"，虽然"一自凤凰飞去后，只栽桑树不栽桐"（清·汪文柏），但是，梧桐树成为桐乡大地的市树，而凤凰则是桐乡百姓的图腾，历经千百年，其情亦独钟。

　　《梧桐毓秀》基于桐乡地域文化的深厚底蕴，追寻运河两岸的文化古迹与人文影踪，深入挖掘历史深矿中丰富的文脉，探寻风雅桐乡赓续千年的源泉。

在写作《梧桐毓秀》的过程中，我不仅着眼于现有的史料，还把目光投射到了远古时期的桐乡大地。如七千年前马家浜文化的罗家角遗址出土了一尊陶塑人像，在这个被称为桐乡"第一人"的形象中，我看到的不只是男性崇拜的社会意义，而且还有艺术的趣味，如形象造型中的夸张手法，这与同时期出土的憨态可掬的陶猪一样，皆有异曲同工之妙。人类艺术就是在这样萌萌的、稚朴的状态中萌芽、成长起来，从本能意识到自觉创造，走过了千万年漫长的探索时期。在众多的出土文物中，我对那把以动物肢骨磨制而成的骨哨印象犹深，它是助猎工具，以模仿禽兽鸣叫来诱捕动物，同时应该还能吹奏出其他的音符来，飘扬在人们辛勤耕作的原野上，从中可以看到江南音乐的起源。又如良渚文化的新地里遗址出土的一件玉鸟饰件，小巧玲珑，十分可爱，让人既见刻工雕琢之精妙，又感受其审美之意趣。

因此，在"远古记忆"一章中想象刀耕火种的远古时期，没有文字记录，更没有影像资料，只有深埋于大地之中的一件件历史遗物，默默无言地传递出古代先民的生活状态，其中不乏人类心灵中特有的人文情怀与文化追求。古人曰："惟天地万物父母，惟人万物之灵。"人所怀有的艺术之心，便是"万物之灵"的鲜明特征。

对于人类的进步发展来说，教育的重要性不言而喻。古云"天不生仲尼，万古如长夜"，春秋时期创立儒家学派的孔子，开创了中国教育的先河。接受了教育的人们，心智得到了启迪，从而认识自我，认识他人，认识天地万物。桐乡的教育史，最早的记载是东晋建武初年（317—318年）中书侍郎许安仁在语儿乡（今崇福镇）设馆授学，真正起步则是从宋代开始。宋元丰八年（1085年），崇德县学正式创办。自孔子提出"有教无类"的教育思想一千五百多年之后，桐乡大地才诞生了第一所官方学校，可见古代教育的推进是何等的缓慢与艰难！

我以"千秋眉眼""杏坛铎声"两个篇章，回顾崇桐两县县学与书院的兴衰盛亡。在历史变迁的时代背景中，叙述县域教育中的古人往事，揭示薪火相传的使命意识和坚守精神，使人看到古代桐乡的教育事业一路行来的曲折历程。

"唯有书香"介绍了历代名人在桐乡的读书处，他们留下的足迹、诗文与传说代代相传。先贤们以风雅之心播文化种子，以典范之作开桐邑文运，成为后人争相追慕的璀璨星座。

在"浙里诗书"中历数古代桐乡的藏书家，他们爱书，藏书，抄书，校书，刻书，著书……情寄书林，弘扬文化。无论多么的艰难困苦，他们始终不忘初心，孜孜以求，在大运河两岸弥漫起既清雅又浓郁的书香。

这是我们的人文记忆，这是桐乡的风雅往事。正是拥有这样的文化底色，当代桐乡的文化教育事业才呈现出勃勃生机景象。在新时期发展的浪潮中，"学在桐乡"成为全浙瞩目的教育品牌，持续完善的城乡全学段优质教育体系，是人才辈出的深厚土壤；"人文名城"则以文艺创作和全民阅读为载体，全面推动桐乡文化事业与书香社会的建设。

人文是这方热土的审美内蕴，风雅是梧桐之乡的独特气质。

· 远古记忆 ·

京杭大运河在石门拐了一个弯 / 沈净摄

那时烟火：以罗家角为例

作家余秋雨在《故乡》中写道："河姆渡……它以七千年前的稻作文明遗迹证明，这儿不仅是我的故乡，而且也是中华民族的故乡。从二十世纪七十年代开始，中国的一切历史教科书的前面几页，都有了余姚河姆渡这个名称。"

我想，在中国历史教科书的前面几页，也应该包含桐乡市"罗家角"，这是长江下游地区马家浜文化的重要组成部分。

踏着春光，我走进了安静的罗家角遗址，走进了七千年前的岁月。

罗家角遗址位于石门镇颜井桥村，东西有两条河流环抱，南为罗家角自然村，北濒京杭大运河。主体部分是江南传统桑基圩田地形，四周是岗地，遍植桑树，中部是面积较大的稻田农作区。这片约十二万平方米的古代遗址，叠压着四个文化层。置身其中，可以让人真切感受到先民生活、生产的远古场景。

此时此刻，罗家角遗址安安静静，明媚的阳光照射下来，升腾着春天的蓬勃气息。

我席地而坐，空无一人的罗家角遗址，仿佛立刻人声鼎沸，七千年前的先民一个又一个围了上来，对我这个不速之客既是点头欢笑，又是握手言谈。他们摘来树上的果实，以陶器盛来米饭，捕来的鱼、猎来的兽与采来的菜，都已经煮熟了。他们热情地邀我入席，一如七千年后的村民一般淳朴好客。

他们是我的祖先，我是他们的后裔，黑头发，黑眼睛，黄皮肤，流着相同的血，尽管相隔了七千年，依然如此亲切，没有任何的隔阂。

在这一刻，远古的生活气息扑面而来……

一

这是怎样一种奇迹，在穿越了六千多年的风风雨雨之后，今天我们相遇了。

这是1980年在罗家角遗址第二层出土的陶塑人像，高6.5厘米，浅褐陶色，呈站立姿态，五官特征已模糊，胸腹前鼓，臀部后突，双腿微张。引人注目的是他腹下的锥形男性生殖器，造型突出而夸张。

这件文物的出土，使桐乡"第一人"横空出世。

新石器时代早期的桐乡先民，以粗犷而简练的形象，以原始裸露的艺术趣味，出现在当今的新时代，这是多么的神奇！

制作陶塑人像的人一定是一位骄傲的男子汉，在方寸之间塑造的陶人形象中，有意凸显男性特征，展示男性力量，具有父系氏族社会男性崇拜的明显特点。是否可以这样猜想，这个桐乡"第一人"，正是母系氏族社会向父系氏族社会过渡时期的产物或标志。

在蛮荒的远古时期，需要男人去征服自然，开垦田地，狩猎捕鱼，还需要繁衍生息，只有人丁兴旺了，才能拥有更多的力量，在恶劣的自然环境中生存与发展。

没有帝王将相，没有士农工商，只有部落人群在这块平原上劳作生活。

你好啊，远古的男子汉，远古的桐乡人！正因为有了你，有了你们，男人和女人，顽强地生活，坚韧的生命一代又一代地传承了下

罗家角遗址展示馆（局部）／沈建伟摄

罗家角遗址 / 沈建伟摄

来，才有了今天的我们。桐乡这方土地，那时人烟稀少，如今生活着上百万人，枝繁叶茂，生生不息。而从远古走来的中华民族，已是拥有十四亿多人口的大家庭。

二

罗家角遗址第三、四层出土了156粒稻谷，其中籼稻101粒，粳稻55粒，已全部炭化，经中科院考古所采用碳十四测定，距今已有7040±150年，是20世纪80年代世界上发现的栽培水稻最早的年限。

这是多么的激动人心！

民以食为天。水稻栽培是古代人类在发展过程中重要的一项技术，对人类的生存作出了巨大的贡献。桐乡罗家角是水稻栽培的发源地之一，将世界水稻栽培的历史提前了三千多年。

在此之前，稻作发源地在国际学术界一直争论不休，或印度，或日本，或巴基斯坦，直到河姆渡、罗家角等地史前稻作文化先后浮出水面，中国作为水稻栽培发源地的地位已不容置疑。1989年，日本东亚稻作文化起源考古代表团前来罗家角遗址考察后，认为"罗家角遗址发掘出土稻谷，证明这里是日本栽培水稻的发源地之一"。

远古的罗家角人，在水稻栽培的生产中，拥有了比石器先进的农具，如遗址出土的骨耜，通常是以鹿或水牛的肩胛骨制成，耜身的上端厚而窄，为柄部，下端薄而宽，为刃部，居中打孔辅以横木，柄部安装上木柄，类似当今的铁铲，可用以开田翻土。骨耜相比于石器，既轻巧灵便又不沾泥，十分适宜水田耕作，这是农业生产工具飞跃性的变革，意味着新石器时期的人类从石器锄耕进入了耜耕阶段，从而提高了农业生产的效率。

稻谷需要脱粒、脱壳，才能煮食。在罗家角第四层文化层中，出

罗家角遗址出土的碳化稻谷 / 桐乡市博物馆供图

土了两件石臼，器形大而厚重，外壁略呈半球形，内壁亦呈半球形而下凹，壁厚六至十一厘米，为加工稻谷的专用工具。

从稻谷、骨耜到石臼，说明罗家角先民已形成稻作过程中的翻耕、种植、加工等一系列配套的工序，其生产技术水平处在众多部落群体的前沿，堪称当时世界上最为先进的耜耕农业。

桐乡一邑向为鱼米之乡，这是七千年时间所形成的，这顶桂冠名副其实。

三

手中有粮，心中不慌，自古皆然。罗家角先民结束了为寻找食物而迁徙漂泊的阶段，人心思定，必须解决住的问题。七千年前的桐乡，海退成陆，只有高地、低洼与水网交织，人们无处藏身，住房是现实所需，安居才能乐业。

罗家角先民手持石斧、石锛，伐木砍竹，他们之中不乏能工巧匠，加工竹木构件，以凹凸部位相结合——即后世所称的榫卯结构，独立的柱与梁严密扣合，十分牢固。择地高岗，立柱架梁，泥土筑墙，茅草结顶，造好的房屋成为他们的家，可以居住生活，遮风挡雨。约四千五百年之后的春秋战国时期，中国出了个"百工圣祖"鲁班，他是土木建筑的鼻祖，集合历代劳动人民的智慧，成为一个大国工匠的代表性人物，使古代木工营造技术得以进一步完善并发扬光大。

从石纺轮、陶纺轮的出土，我们可以推知罗家角先民已应用纺轮纺线。纺线的目的是织衣，虽然是粗布麻衣，但是可遮体，可御寒，取代了在此之前的树叶与兽皮，使人类文明迈出了历史性的一大步。那时已形成的男耕女织的分工模式，绵延了七千年，伴随我国农耕文化的整个发展历程。

罗家角先民在解决了食、住、衣这三大生活基本要素之后，"家"的概念开始形成。

有了家，就要有生活器具，于是，釜、盆、盘、钵、盉、豆、匜、鼎、碗、壶等陶器出现了，其中带脊釜、弧腹釜、侧把盉、实足盉、宽沿盆、多角沿盘、喇叭形圈足豆、牛鼻耳陶罐等，都是人们居家的实用器物，对应了我们今天所使用的锅盆壶罐等生活器具。那时的陶器烧制技术已经相当成熟，陶器式样繁多，满足人类生活的不同需求。尤其是出土的四片白陶片，引起了专家的极大关注。制作白陶的原料主要是高岭土，制作工艺应是轮制，焙制温度需达到一千度以上，才能使其光滑洁白，坚硬耐用。从选材、工艺到焙制，都表明了罗家角先民生产力的先进性。白陶是瓷器的雏形，中国瓷器后来之所以能风行于世，成为丝绸之路上行销世界各地的名贵珍品，是因为包括罗家角先民在内的历代古人不懈探索与追求的结果。

有了家，就要饲养家禽家畜。罗家角遗址出土了大量动物遗骸，发现了较多的家猪遗骨。还出土了一件可爱的陶猪，体形肥胖，前端近平，钻有并排的两个小圆窝，是猪鼻孔，鼻子上方划有竖向短槽四条，头部较短，仅占全长的四分之一，而腹部浑圆下垂，有四个乳钉状矮足，猪尾作乳突状，略上翘——形象憨态可掬，惟妙惟肖。

猪是与人类关系最密切的动物之一。早在一万多年前，人类就驯养猪了，猪成为人们肉食的主要来源。"家"字的象形是屋子里有一头猪，商代甲骨文的"家"，象形房屋的宝盖头下面画出猪体轮廓或猪体线条。周代金文延续此种写法，有所变化的是在猪腹下多了一横，代表猪的生殖器，是为"豭"，即公猪。东汉许慎《说文解字》云："家，居也。从宀，豭省声。""豭"的读音为jiā。

猪乃六畜之首，具有极强的繁殖能力。在古代农耕文化的背景下，有了家才会饲养猪；养猪越多，意味着家庭物质富足，家族才能

罗家角遗址 / 沈剑峰摄

罗家角遗址 / 沈剑峰摄

更加兴旺。

罗家角遗址出土的陶人与陶猪，是富有文化意味的。

有了人，有了房，有了猪……家庭的结构才逐渐清晰起来。

四

罗家角先民在这片土地上狩猎采集，辛勤耕作，过着日出而作、日落而息的生活。以今天的眼光打量远古人类的生活，他们面对的是恶劣的自然环境，生存物质贫乏，生活条件艰苦。然而，即使在这样的条件下，他们始终怀着追求美好生活的初心，发挥自己的聪明才智，通过点点滴滴的辛勤努力，不断改造现实，提高生活水平。在这个艰难而又漫长的过程中，罗家角先民不仅逐步改善了物质生活，而且有丰富的精神追求。

在出土的石、骨、木、陶等历史文物中，可以看到罗家角先民首要满足的是生活的实用功能，但在诸多陶器中，如炊器、食器、水器、储器等，形制各异，款式多样，融入了古人的情趣与美学；陶人、陶猪的形象，在写实中又有夸张的手法。因此，远古的先民，与今天的人们一样，都向往艺术和风雅，并且力图创新创造，以求丰富自己的生活。

令人惊奇的是，罗家角遗址出土了一把骨哨，以动物肢骨磨制而成，长10.8厘米，直径1.6厘米，骨壁厚0.1厘米，一端在一厘米多处钻有一孔。这把骨哨当时的用途，可能是辅助狩猎的。在罗家角遗址中，发现了大量的野生动物遗骸，如麋鹿、梅花鹿、獐、麝等鹿科动物，以及亚洲象、鲸等动物的遗骨。七千年前的浙北平原，水系发达，四季湿润，草木丰茂，十分适宜各种动物生活，尤其有众多的鹿科动物，成为先民狩猎的理想地。猎人手持骨哨，行走在林间，对着哨孔，模仿禽兽鸣叫，诱捕动物。

持有这把骨哨的人一定十分珍爱它，而不只是把它当作一种助猎工具，因为这把骨哨不仅打磨光洁，而且还刻纹装饰。我想，骨哨既然能吹出禽兽的鸣叫声，应该也能吹出其他声音来——可以称之为最初的音乐。在那样枯燥的生活环境里，这种音乐会给人们带来别样的快乐，是古人一种难得的文化生活。

远古的骨哨，是后世箫、笛一类吹奏乐器的始祖。也许，江南的音乐文化，在新石器时期就开始孕育了。

茫茫沃野，沐风栉雨，罗家角先民生死于斯，歌哭于斯。没有任何文字，也没有任何影像，他们的名姓，他们的事迹，他们的喜怒哀乐、悲欢离合……全都湮没在遥远的苍茫尘土中。而在我们脚下这片大地出土的一件件文物中，来自远古时期的丰富信息，展现了先民生活的一幕幕场景，清晰如昨，栩栩如生。

在桐乡境内，目前已发现的马家浜文化遗址有五处，分别是石门罗家角遗址、乌镇谭家湾遗址、濮院张家埭遗址、崇福新桥遗址、屠甸吴家墙门遗址。七千年来，经历了无数的自然灾害，经历了无数的兵戈战火，石门、乌镇、濮院、崇福、屠甸依然是宜居之地，而且越来越美好，这是多好的鱼米之乡，多好的风水宝地！

七千年前的太阳，与今天的太阳一样，东升西落；

七千年前的月亮，与今天的月亮一样，阴晴圆缺；

七千年前的古人，与今天的我们一样，认真生活！

文明曙光：良渚文化的桐乡遗迹

一

中华文明上下五千年，源远流长。然而，长期以来国际学术界公认的中华文明起源是距今约三千五百年的殷商时期。直到2019年7月，浙江杭州的良渚古城遗址申遗成功，名列《世界文化遗产名录》。世界遗产委员会认为，良渚古城遗址展现了一个存在于中国新石器时代晚期的以稻作农业为经济支撑、存在社会分化和统一信仰体系的早期区域性国家形态，印证了长江流域对中华文明起源的杰出贡献。自此，因为有了良渚古城的实证，中华文明的起源可以上溯到五千年前，这已成为国际社会的共识。

考古发现表明，良渚文化距今在五千年前后（5300—4300年前）这个阶段，由七千年前的马家浜文化和六千年前的崧泽文化演变而来，具有鲜明的长江流域特色。

良渚王国的起源与消失，历史上没有文字记载。先秦文献《鹖冠子·王铁第九》所论之成鸠氏族："泰上成鸠之道，一族用之万八千岁，有天下，兵强，世不可夺，与天地存，久绝无伦。"北宋名臣、著名学者陆佃《鹖冠子注》曰："成鸠，盖天皇之别号也。"传说天皇、地皇、人皇三位神祇乃盘古后裔。在当代有关学者的研究中，成鸠氏王国即是良渚王国。"得王铁之传"的成鸠氏族，世居余杭莫角山，以良渚为都城，不断开疆拓土，存在了一万八千年之久。楚国隐士鹖冠子对成鸠氏的治政大加赞赏，成鸠氏成为他心目中的理想社会："素无失次，故化立而世无邪。化立俗成，少则同侪，长则同友，游敖同品，祭祀同福，死生同爱，祸灾同忧，居处同乐，行作同和，吊贺同杂，哭泣同哀，欢欣足以相助，偢谍足以相止。"

成鸠氏王国是不是鹖冠子德政思想的乌托邦，成鸠氏王国究竟是不是良渚王国，有待专家继续考证，故暂且不论。然而良渚王国有城池，有神权，有王权，有军队，有先进的生产力和较高的生活水平，甚至有了文字的雏形——在陶器、玉器、石器上刻画的各种符号，"有的依物赋形，有的包含了抽象笔画组合，有的符号排列有序，重复出现"（《良渚》），具有记录、表意、交流的文字作用，我们从中可以看到甲骨文的前身。在拂去了覆盖五千年之久的尘土之后，丰富而又翔实的遗迹与文物，讲述着遥远的故事，良渚王国便栩栩如生地浮现在了世人面前。

光辉灿烂的中华文明，其形成、融合与发展具有深厚的史前基础。良渚时期的中华大地，黄河流域和长江流域的若干文化区群星璀璨，相互映照，闪耀在中华历史的天空。长江下游以环太湖地区为中心的良渚王国因良渚古城而惊世出场，使世人得以从中追溯中国早期文明与国家形态，因此成为中华五千年文明起源的鲜明地标。

二

桐乡一邑，地理位置毗邻良渚王国。有专家打了一个比方：良渚古城相当于首都北京；临平相当于天津；桐乡相当于唐山，属于良渚王国"京畿重地"。又因为是鱼米之乡，因此专家推论那时的桐乡是繁华的大城市。

自20世纪90年代以来，经过相继发掘，桐乡已发掘良渚文化遗址七十多处，这是除了杭州市余杭区以外良渚文化分布最密集的地区，同时，出土文物的数量、品种在嘉兴、湖州地区名列榜首，引起考古学术界的广泛关注。

2022年暮春的一个下午，天将雨未雨，笔者起意往访新地里遗址，赶到了崇福镇湾里村，在热心的文化专管员带领下，找到了中沙渚塘南侧的新地里遗址。

如果说在罗家角遗址可以感受七千年前先民的烟火生活，那么在新地里遗址则可以了解五千年前先民的丧葬文化。

新地里遗址的墓地是一方人工堆筑的高土台，东靠圣潭漾，南到马西港、落驾港，西至西浜，北临中沙渚塘。其中西浜与落驾港的东北段，已在旧时填埋为农用地。

在河流环绕的地方堆筑一个高土墩，非常适合土葬，一方面可以使先人入土为安，有一处安静的栖息地；另一方面在这个水位高、地势低的平原地带可以避免水侵棺木，保护先人遗体。

远古时期的人类对于逝去的先人实行土葬，是尊重自身生命的觉醒与认识，这与自然界其他动物的混沌生死具有了明显的区别，是人类文明起源的重要一环。随着生产力的发展，社会制度的进步，人类思想的进化，丧葬文化融入了德、孝等更多思想元素而进一步完善。

新地里遗址，在村民们改造箱子田的推土机下开始撩开了神秘的面纱。这处东西长度超过85米、南北宽度不足30米的高土墩下面，掩埋着令人惊喜的秘密。从2001年3月下旬起，浙江省考古研究所与桐乡市博物馆联合组成考古队，对新地里遗址开展考古挖掘，持续八个多月，发掘面积三千平方米，清理良渚文化的墓葬140座，还清理了多个马桥文化时期的灰坑及春秋、汉、唐、宋等时期的墓葬10座。

新地里遗址 / 沈剑峰摄

新地里遗址 / 沈剑峰摄

这是一处以墓葬为主的良渚文化中晚期遗址，出土陶器、玉器、石器、骨器等各类文物两千余件，其中良渚文化文物一千八百余件（组）。

新地里遗址发掘区域的北列为平民墓葬，数量众多，排列密集，多处存在墓葬叠压、打乱关系，且墓坑较小，无葬具使用痕迹，随葬品在二十件以下，以陶、石为主，玉器极少。而发掘区域南列的墓葬则显然不同，墓坑规格大，有木质葬具遗迹，其中三座墓葬还使用了棺椁双重葬具，随葬品的数量与质量明显超越平民墓葬。

从墓葬现象可以看出，在良渚文化时期，由于"国家形态"的形成，人们有了地位尊卑、阶层区别、贫富差距等社会观念，如同良渚古城以莫角山宫殿区为中心，向外依次为城墙与外郭，形成都城格局，显示出王权治下的秩序规范。城内居住的是贵族与手工业者，城外则是农业生产者。这种社会分工带来的等级差别，往往体现在墓葬的规制上。

随葬品是墓主最重要的身份地位的体现。玉器是良渚文明的重要特征，已经社会化、礼仪化和宗教化，如玉琮象征神权，玉钺象征军权与王权，玉璧象征财富等。因此，新地里遗址出土的玉琮、玉环、玉镯、玉三叉形器等礼器，代表了墓主的尊贵地位。28号墓出土文物五十多件，其中玉璧两块，还有一件雕刻精美的神兽纹玉牌饰，小巧的蝴蝶状，以浅浮雕结合阴线刻画的方法，雕琢出栩栩如生的兽面形象，极为精美。73号墓出土的玉锥型器，长33厘米，头尖体方，截面刻有简化的神兽纹，榫部有孔，保存完好，这是良渚文化中极少发现的珍贵文物。137号墓出土的玉琮，为透闪石软玉，整体呈长柱体，内圆外方，中间对穿圆孔，内壁打磨精细，四面中间留有一切割凹槽。柱体四角以转角为中轴线雕刻对称纹饰，分上下两节，每节各饰一组简化的神人兽面纹。玉琮与玉璧都是良渚文化的典型玉器，《周礼》

记载"以苍璧礼天，以黄琮礼地"，这种敬天礼地的祭祀礼仪，应是传承了史前包括良渚时期的玉器文化。

新地里遗址中出土了一件玉鸟饰件，虽然很小，但颇为精妙地雕琢了鸟的眼睛、嘴巴和羽冠。神鸟是远古先民的图腾之一，也是良渚王国的图腾。在良渚文化的玉器中，鸟纹多与神徽组合，常见于琮、璜、冠状器、三叉形器等玉器上，鸟纹一般雕刻于神徽的左右两侧，一个神徽与两只鸟纹相对应，成为神徽的有机组成部分。良渚晚期的极少数玉璧上刻有以鸟立高台为主题的图符。余杭反山、瑶山的良渚文化遗址中出土了五件圆雕玉鸟，扁平状。在另外一处遗址中出土了一件尖喙短尾的玉鸟，呈展翅飞翔状，鸟背中间雕有鼓状凸起的圆形图案——这是太阳的象征。《山海经·大荒东经》载曰："汤谷上有扶木，一日方至，一日方出，皆载于鸟。"在古代神话中，鸟负载太阳东升西落，是天地间的信使。《山海经》的这个记载当是来自远古的传说，良渚玉鸟或许可以作为实物佐证。新地里遗址中这只小巧玲珑的玉鸟，同样反映了良渚文化中神与鸟的密切关系，亦是鸟在人类崇拜中的具体物化，十分具有象征意义。

新地里遗址出土的文物中石器有二百多件，有钺、锛、凿、镞、犁、网坠、砺石、耘田器、带把石刀、多孔石刀、斜把破土器等，钺、锛、耘田器居多。其中两件组合石犁，由一件三孔三角形石犁和两件长方形有孔石刀组合而成，与间歇作业的耜耕相比，石犁能够连续作业，进一步提高了耕作效率，这样的组合石犁，在良渚文化考古中首次发现，标志着良渚时期农耕水平的进一步发展。

新地里遗址大半墓葬中随葬了石钺与石镞。在古代，石钺既是一种生产工具，又是砍杀格斗的武器。石镞就是石制箭头，在新石器时期是一种杀伤力较强的武器，在新地里的墓穴中，一墓大多有三枚石镞，放置在亡者脚部，箭头朝北。

新地里遗址发掘的玉鸟 / 桐乡市博物馆供图

这里透露出来的一个重要信息是：在良渚王国的晚期，可能正面对相当残酷的战争，而主要的威胁是来自北方，在这场生死存亡的战争中，无论是贵族还是平民，都是同仇敌忾，共同保卫家园，表达这种信念的就是陪葬物中的石钺与石镞。

史前之"三皇五帝"，后人众说纷纭。但五帝中，黄帝始终在列，影响最大。汉代《大戴礼记》中有一篇《五帝德》，如是记述：

> 宰我问于孔子曰："昔者予闻诸荣伊，言黄帝三百年。请问黄帝者人邪？抑非人邪？何以至于三百年乎？"……孔子曰："黄帝，少典之子也，曰轩辕。……生而民得其利百年，死而民畏其神百年，亡而民用其教百年，故曰三百年。"

西汉史学家司马迁在《史记·五帝本纪》中记载了黄帝、颛顼、帝喾、尧、舜的事迹。上古时期，黄帝部落日益崛起之际，诸侯领袖神农氏日渐衰落，面对诸侯相互侵伐，暴虐百姓，却无力发兵征讨。黄帝借此良机，起兵攻伐不来朝贡的诸侯，诸侯归顺于黄帝。武力强大的黄帝部落，经过阪泉之战，战胜了炎帝部落，炎黄结盟融合；又经过涿鹿之战，擒杀九黎部落首领蚩尤。自此，炎黄集团替代神农氏，雄踞中原，进入了华夏时代。《史记·五帝本纪》载曰："天下有不顺者，黄帝从而征之。"中原华夏，所向披靡。

四千多年前那场能左右华夏历史走向的战争中，长江下游的良渚王国应该难以独善其身。或是归顺霸主而偏安一隅，或是迎战强敌而决生死，成鸠氏族之王在决策过程中，也许与蚩尤一样，觉得自己"有天下，兵强"，便有信心一战。然而，最终的结果是，兴盛千年的良渚王国从那时起消失了，繁荣发达的良渚文化融合在了中华文明的历史进程中。

新地里遗址古墓中的亡灵生前没有看到故国的消亡，只有随葬的石钺与石镞，无言地诉说着他们以及安葬他们的子孙所怀有的尚武精神与卫国意志。

一万多平方米的新地里遗址是全国重点文物保护单位，已发掘三千平方米，其余高土台或桑地，或菜畦，周围皆民居。这片土地封存了古往今来的历史，每一步行走，仿佛踏进了远古的深处；每一次呼吸，仿佛吐纳着历史的气息。

离开新地里遗址时，天空飘洒起了雨点，由疏而密，大地一片滋润，草木一派葳蕤。

三

桐乡作为良渚王国的一方重镇，在当今的考古发掘中，有不俗的表现和重大的意义。

屠甸镇和平村的普安桥遗址近一万平方米。1995年8月，北京大学、浙江省文物考古研究所与日本上智大学组成联合考古队，对其中的一千四百平方米进行考古发掘。历经四年三次的发掘，发现遗址堆积丰厚，文化层分五层，二层为商周堆积，三层为良渚文化堆积，四层为人工堆筑的古土墩，五层系崧泽文化遗存，显示了从崧泽文化到商周时期基本连续的发展过程。

在普安桥遗址的考古中，发掘墓葬41座，房屋13座。这是良渚文化中首次发现的古人生活区与墓葬区并存的遗迹。

迄今为止的良渚文化遗存中，大多是墓葬地。我想主要的原因是，墓葬区是先民的公共墓地，如有人去世了，就安葬在公共墓地，而且择地通常在高地，或堆积的高岗。上古神话中的创始女神女娲，既炼五石色以补天，又抟黄土而造人。由于人从土中生，死后入土为

新地里遗址湾里村

安，回归自然，是数千年来农业文化的传统观念，"慎终追远，民德归厚"（《论语》），因此，出于对逝去的先人的敬畏，墓葬地不能轻易迁移或毁去，必须代代相承，予以守护。百姓聚落区则不同，一代又一代人在此生活，从古到今，房屋破败了，在原址重新翻建，宅基地传承至子孙后代，除非发生重大的自然灾害如海水淹没，重大的人为灾难如战火摧毁，重大的工程活动如水利建设等，故土再也无法生存，先民只能迁徙异乡，那么这处生活区才会封存于地下，成为历史遗迹。

普安桥遗址是一处高于周边的土墩，是良渚时期先民居住与丧葬之地，发掘发现保存良好的房屋建筑遗迹，如柱洞、墙基槽等建筑元素及火塘等。

以编号为F13的房屋为例，房基南北长6.3米，东西宽5.1米，中部有分隔墙，分为南北两间，各在东南隅设门，北间略大，中部偏西处设有火塘，边长约一米，有火烧烤过的明显痕迹，而南间则没有灶坑。

按照这个房屋布局，可知是一个两居室的家庭单元。南间是居室，向阳，有利于采光；北间是厨房，吃饭的地方。四五千年前的先民，与今天的我们一样，形成了这样一种居住格局，作为传统一直延续了下来。

同时，在这样的先民生活区，我们可以看到良渚时期的人类已从群居生活发展到家庭生活，家庭结构的模式至少在那个时期就开始奠定了，这是人类发展进程的巨大变革与进步。

普安桥遗址生活区的出土，填补了良渚文化时期有关房屋建筑资料的空白，同时也为先民聚落形态、家庭起源、生活景观等提供了重要的研究资料。

普安桥遗址的墓葬，均为南北向的单人竖穴土坑墓，棺木有平底箱式和圜底独木棺两种。出土玉琮、玉璧、玉钺等玉器和漆绘陶器、彩绘陶器、黑皮陶器，还有石器、骨器和动物骨骼等，部分器物涂有鲜艳的红色。有的墓葬中出土了骨、牙制品。玉琮、玉璧、玉钺与精美陶器的随葬品，表明了墓主的身份与地位，反映出普安桥遗址的墓葬等级较高。

1995年10月，中日联合考古队在普安桥遗址考古发掘出一件圆雕龙首形玉器，白玉有紫褐斑，整器近似圆柱形，通高3.1厘米，正宽1.2厘米，侧面宽1.5厘米。前面以浮雕、阴刻等方式，表现龙首的面部；背面与顶呈圆弧形；下颌近似半球体，中间有一竖孔；双耳为立体圆雕，向上竖起；双眼突出，以阴线刻画出扁圆的眼球；上颚部略凹，吻部前凸，嘴巴锯割成"L"形的立体形态。

龙，是中华民族的图腾。"楚辞之祖"屈原在《九歌·大司命》中写道："乘龙兮辚辚，高驰兮冲天。"龙是能一飞冲天的神灵。司马迁采集上古神话于《史记》："黄帝采首山铜，铸鼎于荆山下。鼎既成，有龙垂胡髯下迎黄帝。黄帝上骑，群臣后宫从上龙七十余人，龙乃上去。"黄帝骑龙上天，与屈原的浪漫想象同出一源。在《三国演义》中，曹操与刘备青梅煮酒论英雄时说："龙能大能小，能升能隐；大则兴云吐雾，小则隐介藏形；升则飞腾于宇宙之间，隐则潜伏于波涛之内。方今春深，龙乘时变化，犹人得志而纵横四海。龙之为物，可比世之英雄。"形象地道出了龙的神异，代表纵横四海的英雄精神。

良渚文化是新石器时代的晚期文化，普安桥遗址出土了龙首形玉器，说明在五千年前中国先民已经形成了对龙的崇拜并物化为具体形象，后世人们对龙的形象不断完善，对龙的精神赋予更多的文化内涵，龙从而成为中华民族的精神信仰，炎黄子孙都是龙的传人。

四

在桐乡已发掘的其他良渚文化遗址中，出现了许多令人眼前一亮的文物珍品。

屠甸镇荣星村姚家山遗址发掘的七座墓葬，排列十分整齐，祭祀坑对应有序，出土了玉耘田器、玉琮、玉镯、玉璧、玉钺、玉三叉型器等许多珍贵文物，其中有一件罕见的玉制耘田器，长13.7厘米，软玉质地，已受沁，呈牙黄色。形似半月，背部平直，刃部为弧状，两翼略翘，背部正中处有一凸起，在凸起处钻有圆孔。

耘田器是一种农业生产工具，以往考古出土的耘田器都是石制而成。20世纪70年代中期，屠甸镇荣星村在拓宽村级公路时，出土过一件与众不同的石耘田器，形状和大小与姚家山遗址出土的玉耘田器近似，但是两面都有以阴线刻画的抽象图案与符号——今天看来，当可视为文字的雏形，形似月牙的图案也许是代表了月亮，圆形的图案或许是代表了太阳，其中的弧线、横线，一定是当时先民可以用来表达、交流的工具——当然这一切有待于专家们的破译，我要说的是，刻有花纹的石耘田器当时已经变身为良渚先民的礼器了。

玉耘田器则是更进一步的生产工具礼制化的体现。这说明良渚时期以石犁为基础的犁耕农业已相当成熟发达了，耘田器不再是农业生产中的实用工具，与高桥街道濮濮桥遗址出土的玉纺轮一样，演变为标志拥有者身份的礼器。

2004年在姚家山遗址出土了中国大陆仅此一件的玉耘田器，20世纪90年代台北故宫博物院收藏过一件，2006年在余杭后杨村遗址出土了一件，当时存世唯此三件玉耘田器，可见极为稀有。

在江浙沪的良渚文化遗址发掘中，只有余杭与桐乡两地出土过玉三叉形器。在已出土的二十多件玉三叉形器中，桐乡有九件，有呈方折的"Y"型、"山"字状的圆弧型与特殊的"工"字型这三类形状。其中"工"字型三叉形器出自新地里遗址,两面微鼓,雕琢了相同的神兽面纹饰,其他八件玉三叉形器则均为素面。

玉三叉形器是良渚时期男性高等级墓葬专用的随葬品,位于墓主头部上方,是男性首领头冠的一种装饰,也是他们特殊身份的标识。在桐乡的新地里、姚家山、白墙里等墓葬中,玉三叉形器是与玉琮、玉璧、玉钺、冠状器这些墓葬等级最高的礼器全部或部分组合出现的。凤鸣街道灵安村白墙里遗址还出土了一件象牙权杖,这是体现墓主权势的物质载体。

在阅读新地里遗址考古报告的过程中,我特别关注五千年前后的女性墓葬。在125号墓,出土了一件玉璜、七件玉锥形器,以及玉珠、圈足盘、篓、宽把杯、双鼻壶、圈足罐、纺轮、鼎等文物共三十二件,还有部分肢骨残骸和部分头骨。玉璜是良渚时期女性权力的标志,在这座墓中,没有发现玉琮、玉璧、玉钺、冠状器、玉三叉形器等标识男性身份的随葬品,毫无疑问这是一座女性贵族的墓葬。

历经五千年的风雨春秋,这位良渚时期的桐乡女神早已形神俱灭。然而,出土的三十二件随葬品,使今天的我们有了足够的想象空间,在时空穿越中,缅想她的芳华时代,她的人生岁月。

桐乡出土的良渚玉器品类丰富,雕琢精美,表明良渚时期在玉石的解剖、分割、造型与雕琢等方面达到了极高的水平,而且充分表达了艺术饰品的审美要素,并赋予玉器所需承载的思想内涵。

我想,那时的桐乡大地真是一片热土,那么多贵族身份的男人、女人生活在桐乡,与广大平民百姓一起努力,一起奋斗,使桐乡当之无愧地跻身为良渚王国的次中心。同时,当今桐乡出土的良渚时期的古迹与文物,极大地丰富、拓展了良渚文化的内涵与外延,使得五千年中华文明的坐标更加清晰可见。

目前桐乡发现的良渚文化遗址大多在崇福镇、屠甸镇、高桥街道与凤鸣街道这一带。这个富有意味的现象，使我想到五千年前良渚文化通过太湖流域与钱塘江流域辐射，当时桐乡一地的中心或许就在南与东南、西与西南。二千五百年前吴越春秋时期，崇福附近筑有何城，屠甸附近筑有晏城，还有一座萱城，按《至元嘉禾志》记载在崇德县东三十里，或许就在今高桥一带，桐乡境内这三城皆为吴国所筑，以御越国，可见其地理位置的独特与重要，实为兵家必争之地。春秋时期的百尺渎、越水道，是古代嘉兴南部的运河，皆处在桐乡之南。桐乡一邑的重要区域，从良渚时期到春秋时期是否基本重合，这需要有更多更翔实的学术考古依据来证明，毕竟这两个时期相隔了两千多年。

隋大业六年（610年），"敕穿江南河，自京口至余杭八百余里，广十余丈，使可通龙舟"（《资治通鉴·隋纪五》），疏凿和拓宽江南运河古道，完成了从北京至杭州大运河的全线贯通。这条运河的嘉兴段，位于嘉兴城北部，从王江泾至嘉兴城，一路西南，进入桐乡境内。经过元末对运河的改道，京杭大运河桐乡段格局定型，迄今未变，自濮院、皂林至石门拐弯，南去崇福，往大麻，入下塘河至塘栖，进入杭州。

运河是古代最重要的交通要道。自隋代以降，一千四百多年来，桐乡一境以运河两岸为中心，历经唐宋元明清，至民国，到当代，经济与文化不断创新发展，欣欣向荣。

经历了马家浜文化、良渚文化、吴越文化与运河文化洗礼的桐乡大地，始终融入在中华文明的进程中，古往今来，从未缺席。

·千秋眉眼·

崇福古镇 / 沈净摄

崇德县学

《至元嘉禾志》记载崇德县学："在县东南一里半。宋元丰八年，令吴伯举始创县学，为诸邑先。沈括存中为之记，米芾元章为之书。"

问世于至元二十五年（1288年）的《至元嘉禾志》，是嘉兴最古老的一部志书。至元十四年（1277年），嘉兴府安抚司改嘉兴路总管府，领松江府、嘉兴县、海盐县、崇德县及录事司，基本延续了宋代的辖地。

崇德县学在诸邑中领先首创，使桐乡大地开创了官方办学的历史。

县学，又称儒学、学宫；县学中的孔庙，又称文庙。前庙后学或左庙右学、右庙左学的规制，使庙学合一，是中国历史上独特的教育制度，以确保儒家学说的正统地位。

一

宋元丰八年（1085年），括苍人吴伯举任崇德县知县，上任伊始，择地镇境运河之西岸，建文庙，办县学。

崇德县学"培高为堂，宴有二室，缭以虚庐，丰约称事"（沈括《崇德县建学记》），县学初创，相对简略。县域第一所公办学校的开设，成为学子向往的圣地。

"天不生仲尼，万古如长夜。"这是北宋诗人唐庚在蜀道馆舍壁间看到的题联，虽然不知何人所作，但是表达了先人对于孔子的无限推崇之情。创立儒家学派的孔子，开创了中国教育的先河。在他所处的春秋时期，诸侯王室与权贵们垄断了教育资源，知识传播仅限于上层社会，平民子弟没有受教育的条件与机会。孔子提出了一个著名的教育理念："有教无类。"教育不分高低贵贱，每个人都一视同仁。他说："自行束脩以上，吾未尝无诲焉。"即使是平民子弟，只要奉上束脩（一束干肉），他便予以教诲。孔子致力于推动平民教育，"以诗书礼乐教，弟子盖三千焉"（《史记》），诞生了著名的孔门七十二贤。尽管自汉代开始的历代王朝独尊儒术的目的在于巩固统治，然而，以教育而言，孔子"有教无类"的进步思想影响了中国二千五百多年。如今，每个人享有受教育的权利，九年制义务教育成为国家保障的公益性事业。

　　钱塘人沈括既是北宋官员，又是博学的科学家。元丰五年（1082年）十月，镇守延州的鄜延路经略安抚使、龙图阁学士沈括，因永乐一役全军覆没而被问责，"坐谪均州团练副使。元祐初，徙秀州"（《宋史》）。秀州，即今嘉兴市。应崇德县吴知县之请，沈括撰写了《崇德县建学记》，其中写道："治天下国家，其上至于无以加，下至于匹夫贩妇得有其四体发肤者，舍孔子之道不可，此天下所共知者……"这种思想意识，普遍存在于官府与民间，成为人们的一种信仰。吴知县"筑宫庙以祀孔子，聚学者，择经师，而教之义理行能"，于艰难之中成就县学，沈括大加赞赏。

　　元丰八年，著名书画家米芾任职于杭州，次年（元祐元年）十月被召回京城，任礼部郎中。在此期间，米芾书写了《崇德县建学记》。

　　由沈括撰文、米芾书写的《崇德县建学记》，立碑于运河之畔的崇德县学，伴随着莘莘学子的成长，这是何等的荣耀！

宋宣和二年（1120年）十月，睦州人方腊起义。宣和三年（1121年）正月，方腊派遣方七佛领兵伐秀州，处于战略要冲的崇德县首当其冲，旋被攻陷，开办已三十六年的崇德县学毁于一旦。

县学一片废墟，回响在运河西岸的琅琅书声顷刻寂灭。三年之后的宣和六年（1124年），崇德籍考生沈晦（1084年—1149年）中甲辰科状元，时年四十岁。沈晦作为嘉禾一地的首位状元，乃是崇德县的无上光荣，因此崇福寺西赵家巷立有状元坊，以彰美名。

宋靖康元年（1126年），金兵攻占北宋都城东京，北宋灭亡，史称"靖康之变"。宋室南渡，重振江山，南宋肇兴。

运河穿境而过的崇德一邑，是南来北往的咽喉要道，向为百花地面、鱼米之乡，今濮院、乌镇、石门、崇福、洲泉等乡镇，成为南渡士大夫择居生活的好地方。特别是绍兴八年（1138年）南宋最终定都杭州，崇德是经运河出都城北去的第一座县级重镇，堪为京畿重地，其地理位置空前优越，迎来了最高光的发展时期。

南宋绍兴二十四年（1154年），黄扬出知崇德县。在此之前的建炎四年（1130年）金兵犯境，县治、崇德寺及街市惨遭焚掠，二十多年过去了，仍没有恢复元气，县署一直寄居在广法院。黄知县上任后，因为财匮力绌，难以重建衙署。院僧如琳捐献殿后五十间房屋，黄知县又得崇德豪右、士绅助金助材，方于旧址动工兴建，"缭于垣墙，先创圜扉，次立听事，及旁吏舍，中门环庑"，县署终于复建而成。尔后，黄知县选址于运河东重建县学。那时，崇德县城的中心在运河西，商业发达，市井繁华。而运河东为荒地，甚是僻静，宜于读书。旧志称黄知县"区处有方，民不知扰"，县学选址应是其中之一，而且在运河东设立县学这样的地标，有利于县城的进一步拓展。

经过后任知县的不断建设，崇德县学始得完善。堂有"成德"，

魁星亭（当代建筑，纪念北宋状元沈晦）／王健摄

亭有"采芹"，两斋分别为"致道""育德"。

庆元元年（1195年），宣城人奚士达任崇德县知县时，在县学东北隅建魁星亭，纪念状元沈晦，"以起人心而助风化"。魁星亭因岁久坍圮，历官至户部尚书、吏部尚书的崇德人陈垲捐缗钱（税金），嘱令家乡重新创建。《宋史》有陈垲传，说他"屡历廉节，军民爱戴，幕客盛多，而垲又乐荐士"。

淳祐十年（1250年），崇德县知县黄元直重修县学时，在学舍东建了荣桂斋，召集诸生考试，奖赏丰厚。同时，增拨学田，以资学廪，还捐了白地钱，以备县学修造之用。

这是南宋时期最后一次修建县学，那时南宋已到了外患深重、国事衰颓的时期，国运已无可挽回。二十六年后，蒙元大军进占了南宋都城临安。而崇德县学中供奉的一尊宋代孔子木雕像，默默地经历了时世变迁，居然避过了乱世兵火，自宋而历元，至明代，犹安然存世，此圣像"得奇木雕琢成形……生成纹缕俨然人面，至今不加粉饰，苍古可观，令人敬仰"（明《（正德）嘉兴府志补》卷二），一方面象征了儒学之传承不息，另一方面则让后人回想起宋代崇德的文脉之盛。

知县是县学的最高行政主管，知县对教育的重视程度直接影响县学的发展。宋代崇德知县中，吴伯举、黄扬、奚士达、黄元直是办学兴教的典型代表。

有宋一代，主要是南宋晚期，崇德县设置的学职，有三人非常有名。

第一位是木昜，庆元四年（1198年）任主学。木昜是崇德人，开禧元年（1205年）乙丑科特奏名进士。木姓在本地极少，《至元嘉禾志》人物卷中记载"木盈"："字济之，本济南人。避乱渡淮。高宗建炎二年，登第于扬州。寓居于是邑。官至朝议大夫。"木盈于绍兴十年（1140年）知崇德，任期满后，"民不忍其去"，纷纷挽留，因此他在崇德县定居下来。以此而推论，木昷可能是木盈后裔。

第二位是辅广，嘉定元年（1208年）任主学。辅广是著名理学家朱熹的弟子，乃明理守义的一代大儒。

县学经费主要来自官府所拨的学田所得。商逸卿《县学田记》载："赡学旧凡八百斛，司存为蠹，邑改以隶其庾氏，辗转吏谩，益漫漶不可考。"按宋制，一斛约三十公斤，八百斛约二万四千公斤。木昷任主学时，一查仅存八分之一。辅广上任后，"稽其隐漏，以丰廪饩"。时有乾道丙戌科进士莫元忠，淳熙乙未科进士、知邵武蔡开，绍熙庚戌科进士、知历阳陆埈，这三位崇德名贤共助辅广一臂之力，请求漕、仓两司划拨官田若干，县学又买入民田若干。辅广十分细心地踏勘、标明粮田的起步与所至，计算好斗斛之所入。只有县学仓廪丰实，才能养士教士，培育人才。辅广为了振兴县学，"虑之必精，处之必当，行之必力"，体现了他的深谋远虑，为崇德县学的发展奠定了扎实的基础。

第三位是钱孝溥，嘉定十六年（1223年）任职。

南宋时期，崇文重教的崇德县科名蔚起，人才辈出。出生于洲泉的赵汝愚以乾道二年（1166年）丙戌科榜眼入仕，历官至庆元年间右丞相，成为南宋一代名相。莫氏、徐氏、赵氏等家族榜花联翩，折桂登第。尤其是莫氏五子登科，是中国科举史上的千古佳话。崇邑还出了一位少儿进士，他就是陆德舆。《宋史·选举志》载"凡童子十五岁以下，能通经作诗赋，州升诸朝，而天子亲试之。其命官、免举无常格"。到了南宋，应试童子年龄调整到十岁以下（《朝野类要》），与唐朝接轨。陆德舆于嘉定十年（1217年）由童子科登进士，实为神童。他入仕后不负盛名，官至吏部尚书，卒赠嘉兴开国侯。

二

南宋德祐二年（1276年），即元至元十三年，二月，蒙元大军合围临安，南宋太皇太后谢道清抱着五岁的宋恭帝出城投降。三年之后，经过崖山海战，南宋彻底灭亡。

元朝一统江山之后，人分四等：蒙古人、色目人、汉人、南人。汉人的地位沦落至历史最低点。游牧文明对决农耕文明，塞北文化征战儒家文化，在蒙元铁蹄之下，自汉武帝罢黜百家、独尊儒术以后形成的中国历代王朝思想体系的儒学，沦为与佛教、道教一样的地位，只是元朝多元文化的一种存在。

虽然元朝在各处行省所属之地设置了儒学提举司，然而，除了下设蒙古提举学校官，"惟为江浙、湖广、江西三省有之，余省不置"（《元史》），儒学仅在这三省具有官方地位。在儒学式微的元代，江南成为儒学中心。

元元贞元年（1295年），崇德升县为州，县学升为州学。

在此之后，因为距离南宋最后一次修葺县学已约半个世纪，虽然随时整修，但只是补苴罅漏而已，所以石门名士张伯淳作《崇德州儒学修建疏》，请予"公廪仰给"，修建州学。他心目中的州学是这样的："美哉轮，美哉奂，聿观夫子庙之翚飞；采其藻，采其芹，益衍御儿溪之芳润。"在汉人地位低微的元代，崇德县也许只有石门的张伯淳还有一定的话语权。张伯淳（1242—1302年），九岁应童子科，主考官予巨笔、大纸，命其写字，他只写了一个大字"天"呈上，在回答考官询问时，张伯淳对以"惟天为大，惟尧则之"等语，颇得赞赏。南宋咸淳四年（1268年），张伯淳中戊辰科进士，入元后，至元二十三年（1286年）荐授杭州路儒学教授。至元二十九年（1292年），因元世祖忽必烈诏求江南人才，张伯淳与内弟赵孟頫应召入京，对忽必烈所问治政之策，张伯淳都提出了自己独到的见地，深得帝意，获授翰林直学士、进阶奉训大夫而归。

然而，张伯淳进疏修建儒学，没有得到当时州府的积极回应。在元大德六年（1302年）张伯淳去世时，崇德州学依然如旧。

蒙元入主中原后，各级地方政府的最高权力掌握在蒙古人手中，从延祐年到至正年间，崇德州职官中的"达鲁花赤"，即是元朝中央特派的最高长官，行使绝对的统治权，知州必须服从达鲁花赤的领导。

大德十一年（1307年）七月十九日，登基两个月的元武宗海山颁旨加封孔子为"大成至圣文宣王"，这是孔子在历代正统王朝中最高级别的封号。元朝这位第三任皇帝虽然嗜酒如命，脑子却十分清醒，他需要以儒家思想稳定其统治，惜居帝位不足四年便英年早逝，享年三十一岁。

至正十七年（1357年），元将杨完者率万余苗兵进入崇德，烧杀抢掠，州学毁于兵燹。直到至正二十一年（1361年），崇德州知州王雍改建州学于镇区万岁桥东，建了大成殿、明伦堂、魁星楼、兴仁斋与集义斋，重建采芹亭及四先生祠。州学所祀的四位先生是：知县吴伯举、状元沈晦、丞相赵汝愚、大儒辅广。四先生祠，应是南宋淳祐十年知县黄元直时始建而传承下来。

元代崇德州学担任学职的有六人：劳原诚，邓文原，秦约，朱志道，徐梦吉，俞钧。在儒学边缘化的时期，他们尽其职责，传递儒学的薪火。

在元代的崇德州知州中，至顺元年（1330年）上任的卢礼，崇儒兴学，关注民生，赈济灾民，颇具政声；至正二十年（1360年）上任的王雍，志载其"律己公廉，临事明敏"，后升苏州府同知。

至正是元朝的最后一个年号。蒙古统治者长期的排汉抑儒，日益加剧了蒙汉文化的尖锐冲突，社会矛盾空前突出，虽然元顺帝继位后推行了一系列新政，但是"至正更化"并无多少效果——应当说这一切来得太晚了。尤其是从至正十年开始，因为灾害频发，流民剧增，各地起义遍布，烽烟四起。

崇德州知州王雍于到任后第二年择地重建州学，集使命与担当于一身，在风雨飘摇的元末力创盛举，值得后人致敬并铭记。而他所选择的校址，历明清两代而不变，绵延五百余年，使千年文脉得以相续。

三

历史进入了明代，朱元璋于立国之初便复兴儒学，从而加强皇权专制。对于天下士子而言，将近百年的元朝禁锢了他们的光荣与梦想，而今面临新朝新政，仿佛挣脱了藩篱，家国情怀瞬间爆棚。

事实上，通过南征北战坐上龙椅的"淮右布衣"朱元璋，既要以儒家思想治国安邦，又打心眼里瞧不起满腹经纶的士子。他对于曲阜孔府的优渥，对于儒士贤才的礼遇，都是建立在政治需要的实用基础之上。待到江山初定，他开始对士子们信奉的圣人孔子下手了，洪武二年（1369年）下诏："孔庙春秋释奠，止行于曲阜，天下不必通祀。"引得朝野一片哗然，浙江象山儒士、刑部尚书钱唐抗疏直言："孔子垂教万世，天下共尊其教，故天下得通祀孔子，报本之礼不可废。"有了他的带头争谏，其他有共鸣的大臣亦随之上疏。至圣孔子动不得，亚圣孟子呢？孟子将孔子的德治学说发展为仁政学说，如其主张"民为贵，社稷次之，君为轻"，仅此"民贵君轻"的民本思想，就使得孟子闪亮于中国历史的天空。洪武五年（1372年），朱元璋读《孟子》，越读越生气，当读到"君之视臣如土芥，则臣视君如寇雠"时，勃然大怒。明太祖推行严刑峻法，铁腕治国，要的是臣子无条件的忠君、敬君，服从帝王意志，即使是舍身赴死，也得顺从君王。而孟子的思想，在朱元璋看来是号召臣子造他的反，这岂可容忍！孟子若是活在当时，朱元璋岂能饶过他，毫无疑问是死罪一条，但他是一千多年前的古人了，愤怒的朱元璋只能"罢其配享"，要把孟子赶出孔庙。他知道此举会引来更激烈的抗谏，故诏曰："有谏者以大不敬论，且命金吾射之。"令朱元璋没有想到的是，还真有不怕死的人——还是那个浙江人钱唐。这一回，钱唐知道这次是死谏，应是在劫难逃，上朝时便带了一口棺材去。明代太仓诸生吕毖在《明朝小史》记述其事，时年五十八岁的钱唐"舆榇自随，袒胸受箭"，受伤倒地时犹自诤言："臣得为孟轲死，死有余荣。"朱元璋见此情景，无可奈何，史载"帝见其诚恳"，且命太医为钱唐治疗箭疮。次年，朱元璋下诏："孟子辨异端，辟邪说，发明孔子之道，配享如故。"钱唐年近八十岁时，还上疏谏言后宫不宜悬挂武则天的画像。后宫可谓皇帝家事，臣子无需亦不宜过问，但钱唐偏要"多管闲事"，再次激怒了朱元璋，令其待罪午门外。钱唐站了一天，既未闻"斩立决"的圣旨，又不见提刀而来的刽子手，原来朱元璋火气已消，还赐来食物，并命撤了武后图。钱唐三次犯颜直谏，明太祖居然都能网开一面，使其安然无恙，得以善终，这真是洪武年间颇有意思的君臣个案。洪武十五年（1382年）四月，"丙戌，诏天下通祀孔子。……五月乙丑，太学成，释奠于先师孔子"。就这样，经过明初君臣的你争我斗，孔庙祀典于洪武年间正式定制。

在此时代背景下，全国各地的儒学得到了全面复兴。

明洪武二年（1369年），崇德改州为县。洪武六年（1373年），因为元末所建的县学"岁久倾陊"，知县田庆元予以重建。

宣德五年（1430年），浙江巡抚、大理寺卿胡概奏析崇德东境募化、千金、保宁、清风、永新、梧桐六乡置桐乡县，命崇德知县重修崇德县学。

明代年间的历任知县，皆重视县学，不断加以修建或完善，即使是在财政匮乏时，巧妇难为无米之炊的知县也会想方设法。

　　南阳进士焦宽正统九年（1444年）赴任崇德县知县，焦宽为人极好，善于安抚百姓，妇孺皆感戴。凡县中桥梁、坛社、廨宇，他都予以修缮，并出资修建了学斋堂，公务之余召集诸生讲论经史，"给膏火，资夜诵"，鼓励他们精进学业。秀才们夜读于昏黄的油灯下，心头应是一片明亮。焦知县后擢湖广道监察御史。

　　景泰六年（1455年），德州进士郁纶知崇德，有一天前往县学巡察，面对破败景况，不禁叹道："学校，王政之本，矧圣朝崇重之至，尤先务也。今庙学梁栋殆压，弗称具瞻哉！"郁知县才识明敏，性格刚正，凡事必亲力亲为，县治、坛壝、河渠、街道、市肆等，他都亲自经理督办。旧志中还记载了郁知县一则轶事：大盗章正纠集同伙，为害一方，郁知县计擒章正一伙，为民除害。这是他既具胆识又有谋略的体现。对于修缮县学，因为限于财力，郁知县发出倡议，并捐出俸禄，县中丞簿与崇德县的好义之士或出钱，或出力，经过四年多时间的建设，大成殿东西两庑、明伦堂、东西斋等焕然一新。大成殿中至圣像居中，孔子的杰出弟子"四配""十哲"皆居左右，庑廪什器一应俱全。观者无不赞叹，都说只有郁知县才能做到如此完美，且不费公帑，不劳民工，全在于郁知县善于经营。这样一位能干练达的知县，后来因忤逆上司而罢官，殊是可惜。

　　嘉靖五年（1526年），崇德县出了个丙戌科二甲进士吕希周，历官至通政使司右通政。嘉靖十四年（1535年），吕希周丁忧守制，还乡奔丧。因朝廷人事倾轧，持丧三年期满的吕希周没能赴京复职，此后一直赋闲在家。在"嘉靖倭乱"期间，崇德县筑城抗倭，吕希周襄助策划，他精于风水堪舆，改运河直塘为九弯兜，以水为屏障，绕城固守。在倭寇犯皂林、围桐乡之际，吕希周与濮院濮文起、归安茅坤共同献计退敌。因平倭有功，嘉靖三十五年（1556年）十一月，朝廷任命吕希周为通政使。此时，吕希周脱离京城政坛已二十余年，适应了闲云野鹤的生活，因此没有到职，只以致仕官员的身份在胡宗宪幕中佐理军务。嘉靖四十年（1561年），广东南海人庞尚鹏巡按浙江，参奏吕希周纵容子弟僮奴不法。嘉靖四十五年（1566年），吕希周被夺去冠带，黜为平民。

事实上，居于家乡的吕希周，绝非恃强凌弱的缙绅豪强，而是为地方发展竭尽全力。嘉靖年间，吕希周除了抗倭保境外，在县学泮池东文璧山建造坤、离、巽三塔，分别位于五行八卦中的坤位、离位、巽位，鼎峙而立，成为古县城著名一景。他还将泮池与县河开通，使其保持活水之源。吕希周为县学慷慨捐田一百七十四亩五分，以学田租金助学公费及诸生购买纸与笔，名"吕赡学田"，是崇德县学自宋开创以来最大一笔捐田。嘉靖年间，传贻书院废为义仓，吕希周出资买地，迁出义仓，租下传贻书院，以图保留辅广之文脉。

嘉靖四十五年（1566年）上任的知县朱润，南阳人，进士出身。其时，县学孔庙距离景泰年间郁知县修葺已一百多年了，甚为破落。朱知县蓦然伤感，脸色肃然，说道："兴学乃有司首务，岂应敝至此极也！"当即准备动工修建，但面临与一百年前郁知县一样的问题：财匮力绌。次年，朱知县捐俸若干，维修孔庙，使其"殿庑上下，支者植，圮者起，颓而垩者愍愍而焕焕矣"。继而，朱知县以犯轻罪可赎者，获得一部分经费，在明伦堂东西创"修德""讲学"两斋，又创"志伊""学颜"两门，移建名宦祠、乡贤祠，改建启圣宫祠。三祠建成，朱知县皆记其颠末。乡贤吕希周感其"六十年间，未始得观一人捐俸，亟图视国学犹家塾，如我南阳公者也"，于隆庆二年（1568年）秋九月，应教谕方惟一等人所请，撰写了《重修县学记》。

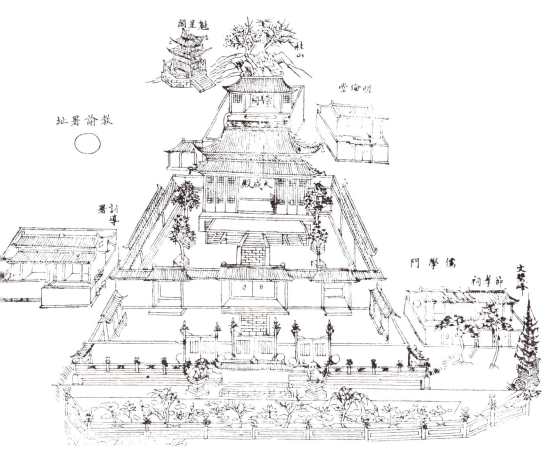

学宫图（光绪《石门县志》）

在许孚远的《重修县学记》、劳永嘉的《重修儒学记略》中，我们可以看到明万历年间崇德县知县对于县学一以贯之的重视，使县学维持正常运转。即使到了崇祯后期明朝即将灭亡的前夜，时任崇德知县还在筹集资金修葺县学。

明代的崇德县知县来自全国各地，在踏上运河两岸这方江南水乡时，他们都以他乡为故乡，既是使命，更是热爱。嘉靖年间的知县朱润在《改建乡贤祠记》中如是赞道："崇邑当吴越之冲，分斗牛之野，士美民秀，夙称多贤。"我想，这也是大多数历任知县对崇德一邑的深刻印象。

明代县学设礼、射、书、数四科。礼：经史、律令、诏诰、礼仪等内容；射：每月初一与十五，诸生在射圃进行演习；书：诸生日习五百字；数：以《数书九章》为教材，开展学习。县学对诸生进行月考、岁考与科考。

明代县学的学额，规定廪膳生员二十名，由官府供给廪食；增广生员二十名，钱粮自费；还有数额不定的附学生员，多则近百，少则十余。

明代自洪武起而崇祯终，国祚二百七十六年，历代统治者积极推行儒学，发展教育，对于明代人才的选拔与任用产生了积极作用。作为政治的互补，文化教育在全国各地的兴起，从崇德县学的变迁中可窥一斑。

四

明王朝天崩地坼，清军进据中原。满人吸取了元朝排汉抑儒的教训，通过继承明制、延续儒学，达到不同文化之间的平衡，以儒学核心政治统摄四方，治理江山。

清顺治九年（1652年），政府发布了生员教条，钦命各地刊立卧碑，置于县学明伦堂之左，晓示生员："朝廷建立学校，选取生员，免其丁粮，厚以廪膳，设学院、学道、学官以教之。各衙门官，以礼相待，全要养成贤才，以供朝廷之用。诸生皆当上报国家，下立人品。"生员教条有八，既有期许又有告诫，更有严厉的束缚，如第七条："军民一切利病，不许生员上书陈言。如有一言建白，以违制论，黜革治罪。"第八条："生员不许纠党多人，立盟结社，把持官府，武断乡曲。所作文字，不许妄行刊刻，违者听提调官治罪。"清朝立国之初，办学目的十分明确，钳制书生、学人之自由思想与独立精神，培养朝廷所需的奴才式官吏，以稳定其封建统治。通过科举考取功名入仕的官员在各级政府中能有所作为，除了职责所系以外，也具有优秀的个人品德、修为与才识。

在阅读旧志时，我看到了一个熟悉的名字：谷应泰，他为崇德县学写了一则《重建县学碑记》。谷应泰是清初著名的历史学家，笔者以前读过其撰写的《明史纪事本末》等著作，记忆犹新。谷应泰是顺治四年（1647年）进士，在顺治十四年（1657年）至顺治十五年（1658年）提督两浙学政。

明清鼎革之际，崇德县学毁于兵燹。顺治十二年（1655年），郡判韩范报请上司重建崇德县学。时立国之初，百废待兴，谷应泰上任后，着手推动全浙各府、县学的重建，在外郡中唯有崇德县率先响应，积极开展县学重建工作。谷应泰助以经费，鼓动支持，他欣喜地看到，"乃比者建学之议一兴，而君子相与倡于上，小民相与和于下，简徒程工，人争趋之"，崇德民众或踊跃捐款，或奔赴劳作，建屋、庙、庑、祠堂数十间，修垣墙，筑泮池，三年后县学既成，书声响起。

康熙元年（1662年），自后晋天福四年（939年）一直沿用的"崇

中山公园之孔庙 / 李群力摄

德"县名，因避清太宗年号之讳，改名为"石门"。

康熙、雍正、乾隆年间，石门县知县对县学各有修葺或重修。乾隆十年（1745年）视学两浙的陈其凝为石门县学撰写《重修儒学碑记》，记石门县知县倪珀于乾隆九年率先士绅，捐资重修县学，大成殿、东西两庑皆焕然一新，文庙规制更加完善，还在明伦堂外建了敬一亭。乾隆四十六年（1781年），宜兴人朱麟徵知石门，与两位老师及石门绅士商议整修文庙，他捐出养廉银，县衙设募捐簿，士绅慷慨解囊，"行见奔走率先，众大和会，轮奂炳蔚，俎豆增辉，守土者亦与有荣施焉"，故作《重修学宫序》以记。

嘉庆年间，济南人耿维祜出任石门县知县。从嘉庆十五年到嘉庆二十四年，他五任知县，十阅寒暑。在道光元年（1821年）赴任江苏邳州知州前一年，他完成了重修学宫、编纂县志两大工程。嘉庆二十三年（1818年）十月，耿知县捐廉以倡，县衙司事诸人踊跃响应，并设簿募捐，"捐者不以为费，役者不以为劳"，数月之间，学宫如新。耿知县在《重修学宫序》中写道："盖至此而规模崇丽，纤悉靡遗，洵足蔚人文而宏圣域矣。"他纂修的《石门县志》，时任杭嘉湖道台的林则徐为之作序。对于志书的作用，林则徐认为："申劝课，明要害，谨积贮，条蠲赈，因俗宜民，兴滞剔弊。"可谓史家卓识。落款时间是"道光元年秋七月"，而就在这月，林则徐因父亲患病而辞职回闽，他离任前留下的这篇序，成为桐乡宝贵的人文遗产。

咸丰十一年（1861年），石门县学毁于战火。咸同年间的太平天国运动肆虐江南，人间天堂的苏杭，运河两岸的城镇，无不被蹂躏摧残。至清军克复，再次经历激战，人烟寥落，繁华殆尽。

同治四年（1865年），知县杨恩澍重建县学之大成殿、东西两庑、大成门、棂星门及名宦、乡贤两祠。此后至光绪年间，历任石门县知县分别重建、改建了明伦堂、儒学门、崇圣祠、魁星阁等。

清代县学主要学习"四书""五经"，《性理大全》《大学衍义》《历代名臣奏议》《文章正宗》等。康熙元年（1662年）起，定岁科两试，每次入学各十五名。其后学额时有变动，数额不定。如因官府筹集军粮需要，会出台准予捐纳入学措施，生员最多时超过一百名。武童（初次参加武举考试的人员）定例岁试入学，学额十五名。

光绪三十一年（1905年），清政府颁布了《废除科举制谕旨》："著即自丙午科为始，所有乡、会试一律停止，各省岁、科考试亦即停止，其以前之举、贡、生员，分别量予出路。"翌年，石门县学完成了历史使命。

发轫于隋朝的科举取士制度，绵延相续了一千三百年，在清末寿终正寝，这预示着一个新学制时代的到来，如近代高等教育、女子学堂，从此在中国大地蓬勃兴起。六年之后，中国最后一个封建王朝黯然落幕。

五

崇福镇的中山公园我去过两次。一次是与文友去崇福开会，还有一次是壬寅暮春，专程往访。

民国三年（1914年），石门县复称崇德县；1958年11月，崇德、桐乡两县合并，称桐乡县；1993年，桐乡撤县改市。历史悠久的崇德县治所在地，即成桐乡所辖的崇福镇。

在桐乡一邑，位于崇德东路的中山公园最是具有历史底蕴，不仅花木扶疏，秀水相间，起伏有致，而且透露出浓郁的人文气息。

从元至正二十一年（1361年）到清光绪三十一年（1905年），这儿是历五百四十多年之久的县学重地，书声琅琅，钟灵毓秀。

旧时县学规制是"庙学合一"，由孔庙与学堂组成。县学于清末

文璧巽塔／王健摄

停办以后，民国二十二年（1933年）崇德县长毛皋坤以孔庙旧景和息钶园遗址辟为中山公园，成为老百姓游乐之地。然而，四年之后，侵华日军拆除了魁星阁、明伦堂，砍伐庙中古树，修筑碉堡。那时的孔庙墙圮殿芜，凋敝不堪。新中国成立后，孔庙殿屋被改为校舍、厂房。直到2005年，崇福镇重修孔庙，修复旧时的大成殿、棂星门，重塑孔子像，并新建大成门、万仞宫墙、望月台，包括文璧巽塔、泮池，组成中山公园中最重要的人文景点，是千年古县城的文脉中心。

进入中山公园大门，右转约百米，文璧巽塔矗立在泮池前。明嘉靖年间，乡贤吕希周在县学泮池东之文璧山建坤、离、巽三塔，至万历年间，坤、离两塔倾圮，独存巽塔。万历三十六年（1608年）上任的崇德县教谕赵贤左捐俸葺治，以铁易木，支撑塔基。清道光二十九年（1849年），巽塔坍塌。咸丰三年（1853年），教谕宋成勋、训导张应奎募资重建，塔高十八米，塔底为花岗岩须弥座，塔身六面七层，仿木实心楼阁式砖构建筑，壶门与棂窗相间，壶门内砖刻"六艺"单字：礼、乐、射、御、书、数。《周礼·保氏》云："养国子以道，乃教之六艺。"孔子极为推崇周代礼仪，因此在教育中延续了周朝贵族的教育体系，要求学生掌握这六项基本才能。"六艺"习成，文理相融，文武兼备，成为社稷有用之才。巽塔顶系由相轮、覆钵组成的生铁葫芦形塔刹，塔底镌刻："大清咸丰三年岁次癸丑九月吉旦重建；教谕宋成勋、训导张应奎率同绅董监造。"这座构制精美的巽塔已一百七十年了，秀挺似笔，抒写古往今来的沧桑岁月。

前往数十米，则是重建的孔庙。过三座棂星门，拜见大成殿前的"至圣先师"孔子，他手执书卷，目视远方。二千五百多年了，孔子丰富的人文思想依然在滋润国人的心灵。

孔庙左有言子讲学石雕群，他正在为三个学生传道解惑。言子，名言偃，字子游，吴地常熟人，"孔门七十二贤"中唯一的南方弟子，列孔门十二哲之一。孔子赞曰："吾门有偃，吾道其南。"右有新建的魁星亭，纪念蟾宫折桂的北宋状元沈晦，将近九百年了，故乡百姓从未忘记他。

大成殿门紧锁，悄无声息，仿佛封存了从前的记忆，而历史总是鲜活如昨。

按县学孔庙旧制，大成殿正位供奉孔子坐像，两旁供奉其弟子四人，东为颜子、思子，西为曾子、孟子。东西两旁分奉孔子门下十哲（清康熙五十一年增奉朱熹，乾隆三年增奉有若，为十二哲。十一哲皆是孔门弟子，唯有一千多年之后的朱熹非孔子嫡传）。至圣先师孔子与峨冠博带的弟子讲经论道，一千年，又千年，再千年，生生不息。

旧时有东西两庑，从祀先贤与先儒。崇桐有辅广与张履祥两位先儒在列，实为桐邑无上殊荣。

尊孔崇儒，清代达到了一个顶峰。自顺治皇帝开始，清朝历代帝王都崇圣尊儒，以京师祭孔与阙里亲祭相结合，或遣官或亲临，前往曲阜孔庙，参加祭孔大典。清康熙二十三年（1684年）九月下旬，康熙皇帝首次南巡，十一月初自南京返回北京，十七日亲临曲阜，次日身着龙袍衮服至孔庙，改二跪六叩为三跪九叩大礼，并御笔亲题"万世师表"四个大字，命侍从悬挂在大殿中，还将曲柄黄盖等天子仪仗留在了孔庙，对至圣先师表达了无比尊崇的礼敬之意。清雍正五年（1727年）下诏每年八月二十七日孔子诞辰"致祭一日，不理刑名，禁止屠宰"。而乾隆皇帝八赴曲阜，亲祭孔子，其频率之高，可谓帝王之最。

康熙皇帝御制《至圣先师孔子赞》及颜、思、曾、孟四子《赞》，崇德县学摹勒于石，立碑于大成殿北。康熙颁"万世师表"，雍正颁"生民未有"，乾隆颁"与天地参"，嘉庆颁"圣集大成"，道光颁"圣协时中"，咸丰颁"德齐帱载"，同治颁"圣神天纵"，光绪颁

"斯文在兹"，县学依例将御书制匾，悬挂在大成殿中。

每逢春秋仲月，即二月、八月，上旬丁日（如遇有事，改为次丁日或下丁日），知县率僚属到孔庙，与县学师生一起向至圣先师孔子行释奠礼。

在古朴的大成殿前，自宋以降，县学之兴衰往事，历历在目。兴之欣喜，毁之伤痛，一次又一次，皆在时光的流转中，沉淀于一册册典籍里。

想起邑人朱逢吉，他于明初洪武年间踏上政坛，历官至大理寺左丞，暌违家乡三十五年之际，思乡心切，赋《语溪十二咏》，其中一首为《泮池莲瑞》：

泮水绿泱泱，莲开并蒂芳。为符攀桂客，且出探花郎。

绛节双前导，红花对晓妆。地灵文运协，千载著嘉祥。

泮池莲瑞，文脉千秋，是朱逢吉对于家乡教育事业的美好祈愿。

开蒙启智，乃人类进化的必然追求；崇文重教，是士民植根于心的情怀。正因为如此，无论世事如何变幻，文化教育在这方土地上始终弦歌不辍，薪火相传。

桐乡县学

一

明宣德五年（1430年），浙江巡抚、大理寺卿胡概奏析崇德东境募化、千金、保宁、清风、永新、梧桐六乡置桐乡县，县治设于梧桐乡，按明代县衙规制建造衙署，县学、仓廒、驿铺、坛庙等随之相继完善。

浙江巡抚、大理寺卿胡概与嘉兴知府齐政亲自到桐乡县，为筹建儒学相地选址。县治东北有一处宋代徐纲后裔徐进所创的文思院遗址，这"众水汇合，形如半璧"的地方就成了桐乡县学的基地。

元《至元嘉禾志》在"凤鸣市"条目下记曰："市居徐族为多，登进士科者相望，视他聚落为仅有。"北宋年间，徐氏先祖徐安自衢州迁居凤鸣里（今桐乡市区）。到了南宋，徐安曾孙这一辈科第联芳，徐珙、徐浚、徐纲三位徐氏堂兄弟皆进士及第。徐珙，绍兴十五年（1145年）进士；徐浚，绍兴二十四年（1154年）进士；徐纲，乾道八年（1172年）进士。他们的儿子亦是榜花相继绽放，徐珙之子徐晟，淳熙二年（1175年）进士；徐昂，绍熙元年（1190年）进士。徐浚之子徐逢，淳熙十四年（1187年）进士；徐迈，绍熙元年（1190年）进士；徐远，嘉泰二年（1202年）进士。徐纲之子徐龟年，淳熙十四年（1187年）进士；徐逢年，开禧元年（1205年）进士。徐氏一门十进士，堪称吾邑科举史上的天花板。其中，徐纲分别入祀崇桐两县乡贤祠，桐乡县乡贤祠中，宋代仅徐纲一人。

桐乡设县后的首任知县是生用和，山东蓬莱人，本姓牛，吏部将桐乡县知县牛用和奏报皇帝时，宣宗朱瞻基说："生，民之父母，何以姓牛？"以御笔在"牛"字下面加了一横，赐其姓为"生"。生知县任职于桐乡县治初立，一切从头开始，筚路蓝缕，殊为不易。上司考察后，把他兢兢业业的政绩上报朝廷。生知县入朝觐见皇帝，因桐乡县没有完成税赋，便坦诚说道："下邑民贫，科不及额，请即司寇。"宣宗甚是体恤，生知县没有因此被打入牢房，反而获旨减赋。自此，桐乡之赋轻于崇德，乃生知县情系民生之德。两年之后，生知县"以忧去，民共惜之"。在生知县去世后，桐乡士民把他奉祀于名宦祠，对他表达了爱戴之情。

生知县因为任职时间较短，所以县学只是草创。宣德七年（1432年），知县赵中建明伦堂，开泮池。正统二年（1437年），知县范宣建大成殿五楹，东西两庑各十楹，并建文昌阁于东庑之后。正统六年（1441年），知县田玉上任后，建正南戟门三间，棂星门三座，号舍二联，各十间。在明伦堂侧建"居仁""由义"两斋，各三间。在明伦堂东建仓廒，辟射圃。

天顺四年（1460年），桐乡县风调雨顺，粮食丰收，士民皆乐。来自北直隶乐亭的桐乡县知县张泰与县丞邓批、陈昭抓住时机，修葺倾圮败落的县学。重修孔庙大成殿、两庑、戟门，在明伦堂后建乐育堂、退省轩，棂星门易木以石，在凤翥门左建会馔堂三楹，在射圃内建观德亭，并"崇其周垣，广其通道"，门外左右置有两座石兽，学宫由内而外相继更新，甚是壮观。

当时，濮院人杨青在朝廷担任刑科都给事中，他诚请明代重臣、吏部尚书李贤撰写了《重修儒学记》，记述了天顺四年桐乡县学重修的过程，李贤如是写道："盖兴学者，为政之本也。民既化矣，俗既成矣，农桑之类未有不举者也。"他把教育放在首位，郡邑为官，"兴学为先"。

杨青，景泰元年（1450年）庚午科、景泰二年（1451年）辛未科联捷成进士，历官至刑科都给事中、河南按察使司佥事。杨青是桐乡县学生员，桐乡设县以后第一位进士，"本邑科甲从此始"。杨青的父亲杨述是永乐二十一年（1423年）癸卯科浙江解元，历官至辽王府长史。濮院镇北横街为杨述立有"解元坊"，又为杨述、杨青父子立"父子联芳坊"。景泰二年（1451年）在桐乡县城新兴街为杨青立"进士坊"。隆庆年间在县城为进士杨青、赵让、沈继志、钱贡、钟继元、李乐、冯孜立"黄甲联芳坊"。

杨青之父杨述撰有《送大尹田公考绩序》。田公，即桐乡县第四任知县田玉，四川内江人，正统六年（1441年）上任，"锄奸抑强，植弱扶善"，同时修建县学，崇文重教。"民既得公，嬉嬉然如赤子之依慈母，公亦视民如子，而疾痛疴痒，若切于身"，如此知县，深得民心。时仅三年，田知县以丁忧去职，桐乡的老百姓得知后扶老携幼，赶往田知县登船处，挽起缆绳，不舍其去。后来，桐乡百姓又上书恳请田知县复任桐乡。正统十二年（1447年），田玉再知县事。《明史·循吏传》："田玉知桐乡，丁艰去。英宗以部民及巡抚周忱请，还其任。"

成化七年（1471年），浙江按察使佥事周正方按临桐乡，顾瞻孔庙殿庑，甚是简陋陈旧，叹道："此岂足称朝廷尊荣之心者哉！"其时，正得罚赎三百三十多两银子，周佥事命桐乡县以此经费重修大成殿。当年腊月动工，翌年二月竣工，大殿三间，规模比初建时增加了五分之三。浙江提调学校佥事张悦莅桐，巡视县学后，命重肖圣贤孔

凤凰湖风光 / 沈净摄

子像。经过这次重修，孔庙"栋宇宏丽，冠冕巍峨，金碧丹垩，辉映日星"。时任桐乡县知县的孟俊礼请浙江按察使佥事周正方的同学、南京太常寺少卿刘宣撰写《重建大成殿记》。刘宣，江西安福县人，景泰二年（1451年）进士，官至南京工部尚书。周正方与刘宣同邑，又是同窗，天顺四年（1460年）进士。

成化十年（1474年），知县孟俊重修号舍，建斋宿房。成化十六年（1480年），知县张翠重修会馔堂。成化二十一年（1485年），知县梁敬建奎光楼，上下三楹。

知县王昊于弘治八年（1495年）上任，重修明伦堂，置俸廪仓，并在明伦堂后建尊经阁。弘治十三年（1500年），知县李廷梧建乡贤祠。

正德九年（1514年），知县任洛重建明伦堂、仪门，重修馔堂、斋阁、号厅，并在学宫之外筑河岸一百多丈。桐乡县自宣德五年置立至正德九年，八十多年间，产生进士两位，举人八位，还有三位桐邑人以军籍或在外地应试中举，这份成绩单相对来说甚是薄弱，任知县"独惧人材之出不能为他县先"，便于县学科目题名，石刻章示，自杨青以下共八人，以勉励后学。海盐人、明弘治十八年进士吴昂作《桐乡县学科目题名记》。知县任洛是河南钧州人，正德六年进士，次年出知桐乡，守职爱民，兴学重教，并纂修《桐乡县志》（十卷），惜历久失传。

经过历任知县的增建、修葺，桐乡县学始渐完备。

嘉靖九年（1530年），知县王宸奉诏建启圣祠，增建敬一亭。此后有一年，嘉靖五年进士吕希周路过桐乡时，往谒孔庙，看到县学年久圮坍，殿庑荒败，不禁深为叹息。嘉靖十七年（1538年），时任知县朱尚质发起重修，置备材料，招集工匠，动工修建，除旧布新，"桐学故残而今奂，桐之士故坠而今起"。吕希周欣然作《重修儒学记》。

嘉靖年间，倭寇袭沿海，乱江南。嘉靖三十五年（1556年）四月，倭寇犯境，在皂林、乌镇一带烧杀淫掠。游击将军宗礼率兵九百御寇，激战于运河与金牛塘之三里桥，"会桥陷军溃，礼与镇抚侯槐、何衡、义官霍贯道力战，俱陷阵死之"（谷应泰《明史纪事本末》）。倭寇围攻桐乡县城，浙江巡抚阮鹗被困于城中。时任知县金燕从四月二十二日开始，率城中军民打响了桐乡保卫战，同仇敌忾，誓死抗倭，艰难守城将近一月，倭寇撤围退去，桐乡县城始得免去一劫。金燕安徽潜山人，嘉靖三十二年（1553年）进士，三十三年赴任桐乡。

嘉靖四十二年（1563年），知县曾士彦修整庙学，"百废具举，丹艧辉煌"。宜兴人、嘉靖二十年（1541年）进士万士和撰《桐乡县重修儒学记》。是年，因获桐邑义士沈瓒捐资三百余金，建尊经阁于县学，桐乡人、嘉靖四十一年（1562年）进士钟继元作《尊经阁记》。

万历年间，县学又屡经修葺。继万历五年（1577年）知县蔡时鼎新修明伦堂后，万历九年（1581年）知县高梅捐资鸠工，教谕李九标协经厥始，重修孔庙殿庑、仪门、棂星门，使"圮者奠，敝者葺，毁者新，弗称者宏其制，失序者正其位"。乌镇人、隆庆二年（1568年）进士李乐撰《重修儒学记》，记述了这个过程。教谕李九标捐俸新建文昌祠。归安人、嘉靖十七年（1538年）进士茅坤作《新建文昌祠碑》，勒石以铭。

万历二十一年（1593年），常熟人陆枝出任桐乡县知县，他捐俸倡施，重修县学，于是年三月十日动工，次年二月三日落成，"自庙堂亭阁至署舍祠庑，若阶陛门墙，次第规葺之"，濮院人、隆庆二年（1568年）进士冯孜在《重修儒学碑记》中如是写道。在此期间，来自云间的桐乡县教谕韩士元与郑栻商议重建聚奎楼，经请示陆知县定夺获准，历三个月而建成。清风乡人、万历十四年（1586年）进士沈思充在碑记中这样描述聚奎楼："穿檐飞睨，卧青攒空，丹虹傍亘，赫于旧观，而地弥益胜于后。时见五霞漏锦，如网楹桷，长庚对灿，奎直并丽。"

万历年间的桐乡县进士中，青镇夏爌与从兄夏炜，濮院岳元声、岳和声、岳骏声三兄弟，是桐邑瞩目的进士之家，榜花次第开放，美名嘉禾传扬。

偶然看到2021年普通高等学校全国统一考试（甲卷）的"文科综合"有这样一道选择题："明代，在浙江桐乡县，地方官员若出身进士，当地的秀才就'不胜诮事'，若出身举人，便随意提出要求，'苟不如意，便加词色犯之'。这现象反映出"，然后列出四个答案，供考生选择：

        A. 官员士绅之间关系紧张

        B. 士人舆论左右地方政事

        C. 出身等级决定行政能力

        D. 科考功名影响官员威望

标准答案是"D"。我所感兴趣的不是答案，而是这个关于桐乡的原始材料出自哪里？为什么是以桐乡为例反映了这样一个现象？经搜索古籍发现，原来这是吾邑乌镇李乐在《见闻杂纪》卷十一第四十五条的记载。李乐是明隆庆二年（1568年）三甲进士，作为一位直声清节的乡贤，他鄙视桐乡学子这种轻举人的行为，故以直笔记之，认为这"恐非保身保家之道也"。

查阅《光绪桐乡县志》，有明一代县衙官吏入名宦祠的有十六人，其中进士八名，举人、监生、贡生八名。十六人中，知县十三名，训导一名，教谕二名。从这个名录看，明代的桐乡县官民对于非进士出身的官宦还是保持了足够的尊敬。如成化八年（1472年）出任桐乡县知县的孟俊，陕西咸宁人，是个举人，他"廉明有胆略，理芟剔弊，敬老恤孤，威惠并著，尤加意学校，治行冠诸邑"，执政桐乡七年，深受百姓爱戴。他去世后，桐乡人没有忘记他，奉祀他于名宦祠。又如钱渊，安徽建平（今郎溪）县人，嘉靖十四年（1535年）以举人出任桐乡县教谕，廉政好学，德行高洁。县学有一位廪生，姓金，因为家境贫困，无钱安葬逝去的亲人，钱教谕便捐俸相助。有一次，钱教谕看到一位妇人在路上哭泣，他经过询问，方知妇人的丈夫欠了富人的债，无法归还，只能卖身偿债。钱教谕招来那位富人，好言相劝，以德化人，那位富人深受感动，不仅焚毁了债券，还送了一笔钱给那家穷人。虽然钱教谕任职仅两年，但是桐乡人记着他的好，在他卒后，经县学公议，士民举荐，逐级上报，获准奉祀于名宦祠。

孟知县与钱教谕这两位明代举人，在桐乡获得的荣光丝毫不亚于进士之官员。

我想，官员的威望实不在于科考功名，首要的是德行和能力。明代万历二年（1574年），福建漳浦人蔡时鼎以进士出任桐乡县知县，那年他才二十三岁。衙中有奸书猾吏小瞧这位年轻人，屡以欺上行事。蔡知县冷眼旁观，收集证据，直到有一天他升堂入座，召集书史，将掌握的吏人劣迹一一披露，并严加教训。县衙上下惊以为神，再不敢越矩隐情。蔡知县殚精竭虑，勤奋廉洁。两年多后，蔡知县的父亲因病卒于衙舍，他哀痛万分，跣足扶柩，出城门归故里。桐邑百姓"老弱妇女，莫不悲号，追送之哭声，殆震数里"（李乐《邑令蔡公去思碑记》），这位年轻有为的知县赢得了士民的尊敬。

官与民，犹如鱼与水。古云："鱼失水则死，水失鱼犹为水也。"进士也好，举人也罢，只要得了民心，就会得到同样的口碑。正因为有李乐这样的乡贤代表，桐乡士民不断自我修正时弊，公正善待有作为、有功德的官员，所以在历史的长河中积累了深厚的文化土壤。

检阅《光绪桐乡县志》，自万历二十一年之后，明代再无修葺县学的记载。

在故纸堆里搜寻桐乡县学的前尘旧踪，我总是心生感慨。自古繁华的江南水乡，以一县之力创办的县学，何以如此艰难曲折，主要原因是财政匮乏。

韩愈说过："赋出于天下，江南居十九。"自唐宋以降，长江中下游的江南成为国家财赋重心，尤其是苏州、松江、常州、嘉兴、湖州五府，是财赋重中之重。

明代之江南重赋，夺民之粮，剥民之利，使民生维艰，不堪重负。以明隆庆二年（1568年）为例，根据《光绪桐乡县志》记载，那时桐乡县田地共约五千一百六十顷，税粮（本色米）四万八千四百余石，税银三万二千一百多两，当年桐乡的总人口无考，如按此前五十多年的正德七年（1512年），民户与军匠灶户共三万四千八百八十五户，总人口八万三千七百二十五人，与宣德五年置县时人口八万零五百七十三人相比，增幅不到百分之四。在没有较大战乱与自然灾害的状态下，桐乡县的人口，隆庆二年与正德七年应是相差无几。八万多人的桐乡一县，负担如此之重的税粮与税银，实是艰难备至。故桐乡县首任知县生用和面圣减赋，为民请命，令人感佩。

然而，不是所有的知县能有幸觐见皇帝，也不是所有的知县都具有知县生用和的胆识，他们的终极使命是为皇上"守土有责"，源源不断地为帝国王朝输送"血液"——钱与粮，国之命脉也，也是仕途考绩所系，只能在政治、经济与民生、文化教育的关系中寻求最好的平衡。

固然，历任知县都希望为官一任，造福一方，在地方留下政绩与口碑。县学是文人集聚的地方，无疑是从政功德最好的载体。因此，即使囿于财匮力绌，大部分知县、教谕亦会带头捐俸捐廉，发动地方绅士共襄盛举。

曲曲折折，文脉赓续。在艰难困苦中，桐乡学子映雪囊萤，刻苦攻读，不仅玉堂金马登高第，而且情系桑梓，以砺后学。

二

明清鼎革是中国帝制时代最后一次王朝更替。进入清代后，经历了初时的动荡，崇德县学率先于顺治十四年（1657年）开始重建。康熙五年（1666年），湖州乌程（今吴兴）举人闵圻申任桐乡县教谕，次年重修明伦堂。明伦堂是县学正殿，乃读书、讲学、弘道之处。吴兴闵氏，南宋宝庆年间自山东汶上南迁，定居于乌程之晟舍。至明代，闵氏学而优则仕，一门四尚书，实为书香门第、累世官宦之浙西望族。明代后期，耽迷著述的闵齐伋与著名文学家凌濛初首开雕版套印之先河，刊刻善本秘籍，以朱墨两色或朱墨黛紫黄五色套印，风行天下，世称"闵刻书"。桐乡教谕闵圻申深受家族人文浸润，既学问渊博，又丰采端凝。来到桐乡后，他首先把明伦堂重修起来，使县学诸生有一个读书的地方。后来，闵圻申出任淳安教谕、义乌教谕，升河南新郑知县。

康熙十五年（1676年），距离万历二十一年（1593年）大修县学已八十余年，满人君临天下也已四十年。但是，桐乡县学除了康熙五年教谕闵圻申发起重修明伦堂外，余皆一片荒废，野草疯长。孔庙破落，凡入庙观瞻者无不叹惜。时任教谕冯劝创议重建，县学董事诸生朱邦祝等人呈请修葺。桐乡知县徐秉元备述通详，呈送府台、抚台，得浙江巡抚陈秉直捐金五十，嘉兴知府卢崇兴助粮二十石，桐邑士民纷纷响应，募捐资助。是年正月二十八日动工，先修孔庙，大成殿及其陈设，精选材料，丹漆金彩；次建大成门九间，高大辉煌；东西两庑十八间，俱以修饰、整顿；清除大殿前后及黉门内外的所有垃圾杂物；于黉门东竖石柱一座，围以土墙，并拆建学宫东首之登俊桥，"以通冠盖，以砥回澜"。至九月初九竣工，桐学焕新，庄严宏丽。嘉兴秀水人杜臻时任礼部右侍郎，桐乡县教谕冯劝与桐邑绅士邮书京城，请他序其事。杜臻撰成《重修桐乡学双惠流芳碑》，赞颂抚公、郡公捐俸助学，崇儒重教。

自此以后，桐乡县学得到了更多的关注与修葺。康熙十九年（1680年），时任桐乡县训导的仁和人吴宾文重修启圣祠。

康熙二十年（1681年）六月，江苏丹徒人何金蔺出知桐乡。作为康熙九年（1670年）庚戌科第二甲第一名进士，他十分重视县学建设，上任伊始，赴谒孔庙，尔后与博士先生来到明伦堂，诸生皆依次谒见。何知县环顾明伦堂，未见榜额，便觉怪异，询问众人，都说从未有过。何知县认为，"而榜额缺如，余惧桐之人之不爱惜郑重此名矣"。回到县衙，他披览署中历史档案，无孝子悌弟、义夫节妇的记载，便又查邑志，钩沉摘录，使科举与孝悌义节榜额于明伦堂，以求"教以德曰知仁圣义忠和，教以行曰孝友睦姻任恤，教以艺曰礼乐射御书数，登其良者，扶其不及者，纠其不率教者，待其迁善而远于过者"。他在《明伦堂记》中如是表达自己的心迹。

翌年，何知县率同僚春祭孔庙，礼毕往祀名宦，却未见祠堂，只得设厂露祭。献官立于荆棘地，一干人等下跪行礼。何知县置身其中，"益是大惊且惧"。那时，自明宣德五年至清康熙二十年，桐乡设县已二百五十多年，何知县之前已有七十一位知县，县丞以下官吏数倍于知县，但入祀名宦祠者仅十余人。且旧时祀祠只一席之地，数根木椽，早已倾圮废坏，奉祀的木主随意废弃在荒烟蔓草中，无人理治，"既无以崇德报功于前，又无为后来者劝"，这使何知县十分痛惜。作为七品知县，岁银四十三两多，何知县捐俸一半，衙中僚佐及桐邑士大夫共与响应，合力重建名宦祠。事成，何知县撰《重建桐乡名宦祠记》。

何知县在即将离任的上一年（康熙二十四年，1685年），还为县学筑泮池、修学桥。

十年之后的康熙三十四年（1695年），知县郭金汤重修大成殿及两庑，在学宫大门外建"瀛州""驾霓"两坊。康熙五十六年（1717年），邑人金学渭捐修名宦祠、乡贤祠。

雍正元年（1723年），知县陈大庆奉诏将启圣祠更名为崇圣祠，并创建了忠义孝悌祠，同时在县署之东设立了一所义学。

雍正六年（1728年），福建漳浦人蔡可远以举人出知桐乡。一百五十多年前的明代万历年间，他的曾祖父蔡时鼎任桐乡县知县，年轻干练有作为，给桐邑士民留下了深刻的印象。如今，作为蔡知县曾孙的蔡可远踏上桐乡大地时，拥有怎样一份心情呢？他初至桐乡，即谒先师文庙，县学师生迎他至明伦堂，当他看到明伦堂"修栋虹指，飞甍凤翔，盖焕然新造也"，顿时欣喜不已。原来，在上一年，邑绅汪绳煐"不烦有司营度及绅士一丝一粟"，独力重建明伦堂，并买下了对河民地，筑建万仞宫墙。汪绳煐（1707—1778年），以国学生考授州同知，他的父亲是汪文桂，以嘉兴府学岁贡生考授内阁中书舍人，封侍御史。桐乡汪氏，乃著名的文化世家，又是科第连绵的科举世家。对于时年二十一周岁的汪绳煐之义举，知县蔡可远深为叹服："汪君之所见者大，所虑者远。是以为之必力，而成之如此其速也。"因此，他兴致勃勃地撰写了《重修儒学明伦堂碑记》。

第二年，蔡知县重建名宦祠。距康熙二十一年何知县重建名宦祠至今已快半个世纪了，虽然期间邑人金学渭出资维修过，但是风侵雨蚀，祠之卑垣薄楹破败不堪，荒榛蔓草疯长。在蔡知县履任的当年秋天，名宦祠在一场飓风中倾圮。蔡知县说："无祠何以妥先哲之灵而称明诏耶？"便捐以清俸，选材募工，经过两个月的营建，终告竣工。桐乡名士冯景夏作《桐乡县重建名宦祠记》，从中可领略祠之景况："为祠三楹，缭以周垣。堂敞而幽，墙高而广。巍然焕然，无复向时湫溢矣。"

当年，蔡知县还重修了忠义孝悌祠。一直到雍正十三年（1735年），蔡可远仍在桐乡知县任上，他与教谕汪楷、训导吴昌祺倡捐修葺文庙殿庑、泮池、棂星门、戟门，各祠重筑宫墙。在桐邑旧志中，记载了蔡知县许多感人事迹，令人既感动又沉痛不已。蔡知县在奉巡抚之檄筑成海塘之后，"复奉檄筑石塘，工已垂成，积劳感疾，卒"。在曾祖父蔡时鼎工作过的桐乡县，蔡可远倾注了深切的感情，甚至献出了自己的生命。

乾隆三十三年（1768年），秀水诗人、书画家钱载面对蔡可远遗像，泪下而拜，那时蔡知县去世已三十年了——依次往前推，乃是在乾隆三年（1738年）。他感而赋诗《题桐乡蔡明府可远遗像（戊子）》：

> 学有文勤倡，公惟季弟贤。吾禾官最久，所治俗犹传。
> 拜像落双泪，归丧经卅年。沉思甲寅暮，寒月共灯前。

钱载是乾隆十七年（1752年）进士，历官至礼部左侍郎。从诗中"沉思甲寅暮，寒月共灯前"来看，时年二十六岁的秀水书生钱载，与桐乡县知县蔡可远相见于雍正十二年（1734年）底，一轮寒月下，他们守着一盏油灯，相谈甚欢。钱载挥泪赋诗时，年已六十。作为朝中内阁学士，他见惯了悲欢离合，然而对于蔡知县始终葆有一份真情，因此悲悼英年早逝的故友。

雍正七年（1729年）撰写《桐乡县重建名宦祠记》的冯景夏，曾祖父是来自濮院的冯孜，冯孜为明隆庆二年（1568年）进士，历官至湖广左布政使，后因病辞归，徙居桐乡。他的弟弟冯敏以儒士官至内阁中书，中年致仕，回到濮院，居住在大街祖屋。冯孜后裔到了冯景夏这一代，积厚流光，爆发出惊人的能量。

冯景夏是清康熙三十二年（1693年）举人，历官至刑部左侍郎。他勤政清廉，爱民恤民。然而，康熙六十年（1721年）十二月，在山东莱州府胶州知州任上，冯景夏卷入了陕西总督年羹尧查处的西安府长安县银两亏空案。作为前任知县的冯景夏被令留任赔补，他变卖家产，并通过借贷，设法偿还。雍正二年（1724年）三月，冯景夏离任还乡。至次年冬，年羹尧被赐自尽后，冯景夏迎来了转机。雍正五年（1727年），五十八岁的冯景夏奉诏进京。五月十八日，由史部引见，冯景夏面觐雍正皇帝。雍正皇帝向他询问了罢起经过，冯景夏如实陈述。雍正皇帝对他的印象相当好，御笔朱批："人着实去得，有良心人，可升用要缺道员。……可惜少老些，尚健。"史部奉旨特授冯景夏为江南庐州府知府。桐乡一邑，得到皇帝召见的，元代有石门的张伯淳，清代有县城的冯景夏。

冯景夏从政最具影响的一件大事是在苏松常镇太督粮道任上，他改制收粮铁斛，以根除粮吏奸弊，保护粮农利益，得到江苏巡抚彭维新的支持。试行后，奏请朝廷，命户部按小口斛改铸铁斛，颁各省统一改制实施，通行全国，世称"冯斛"。冯景夏七十九岁那年去世后，苏州、松江的老百姓闻之，前来哭丧者数百人，可见"冯斛"益民功德之厚。

冯景夏有两个儿子，长子冯钤，乾隆二年（1737年）进士；孙子、曾孙六人为监生。次子冯锦为监生；孙子冯浩，乾隆十三年（1748年）进士；曾孙冯应榴，乾隆二十六年（1761年）进士；曾孙冯集梧，乾隆四十六年（1781年）进士；另一位曾孙冯省槐为禀贡；玄孙中有两位是附监生。

清代的冯氏家族，屡承皇恩。雍正五年五月，御制《朋党论》

一篇，墨刻上谕三道，赐安徽庐州知府冯景夏。乾隆年间，冯景夏之子冯钤历任福建提督学政、刑科给事中、湖南巡抚、安徽巡抚，多次获赐石刻四幅、御书"福"字、御制《乐善堂集》一部、《初集诗》一部、《二集》一部、《初集文》一部、《世宗宪皇帝朱批上谕》二部。冯景夏曾孙冯应榴于乾隆年间任军机章京内阁中书、通政司参议之职时，分别获赐《世宗宪皇帝朱批上谕》全部、《石鼓碑文》墨刻。

故明代冯孜一脉，在清代簪缨绳继，是桐乡官学教育成果的典型代表。

乾隆年间，县署官吏与桐邑绅士相继接力，修缮县学。乾隆十二年（1747年），桐乡县教谕傅士號、训导吴昌祺修葺孔庙殿庑及两学署。次年，邑人姜之瑗重建儒学头门三间，八字墙两垛，临河石埠一座。乾隆十八年（1753年），桐邑名士冯景夏的孙子、乾隆十三年（1748年）进士冯浩与邑人朱明义、程尚赟重修文昌阁，上供魁星像，下供文昌像，并改建阁旁木桥为石桥，创建石坊一座，阳镌"高瞻圣域"，阴刻"直上云衢"。乾隆二十七年、三十八年、五十七年、五十八年、五十九年，至嘉庆、道光年间，所任知县或教谕、训导及桐邑绅士均有发起捐修县学的记载。

咸丰十年（1860年），太平军攻占桐乡县。与石门县学毁于战火不同，桐乡县学成为太平军的木工作场，大成殿、明伦堂及各祠宇间架犹存，大成门外的文昌阁毁为一片白地，两庑、门窗、主位无存，而大成殿中的孔子及四配、十二哲之像幸未毁去。神圣的学宫，经过这般蹂躏，历代士民的心血成为一片废墟。

同治二年（1863年），清军收复桐乡。青镇名士、咸丰九年（1859年）进士严辰于同治三年（1864年）辞归乡里后，于次年正月禀请浙江巡抚马新贻开设县城、青镇两处善后局，推举绅士萧仪斌、沈宝楗襄理局务，请拨青镇房捐款充作经费，共计制钱四千余串，修葺学宫，使大成殿两庑、大成门、棂星门、明伦堂、崇圣祠、昌黎祠、名宦乡贤祠、忠义孝悌祠得以重修，恢复旧时模样。重建的文昌阁，相比旧制增高三尺许，登高远眺，桐乡县城尽收眼底。

同治年间，世居杨园村的张履祥（1611—1674年）在去世将近两百年之际，正式进入了朝廷的视野。闽浙总督、兼浙江巡抚左宗棠平定浙江境内的太平军后，采取各种措施恢复经济。在明末清初的乱世中，笃志程朱、躬行实践、耕读自守的杨园先生成为左宗棠心目中的代表人物，他于同治三年（1864年）为张履祥捐廉修墓，题碑"大儒杨园张子之墓"，并题墓门对联："孝弟力田耕读以外无二道；忠信笃敬程朱而后惟一人。"在此一百多年前的乾隆十六年（1751年），笃信程朱理学的浙江学政雷鋐，因为服膺杨园先生，不仅寻访张履祥遗书与亲属，而且还捐资刊刻《杨园张先生年谱》，整修张履祥墓，捐资为其立碑，题曰"理学真儒杨园张先生之墓"。嘉庆六年（1801年），桐乡县知县李廷辉创修杨园旧祠，立主崇祀。嘉庆十六年（1811年），原籍浙江的两广总督蒋攸铦饬橄立主，祀张履祥于青镇分水书院。道光四年（1824年），经两浙督抚帅承瀛疏请，次年张履祥入祀乡贤祠。同治三年（1864年），浙江绅士陆以湉等十六人呈请闽浙总督左宗棠，从祀张履祥于孔庙两庑。左宗棠十分赞同，然而因为军事繁忙，同治五年又调任陕甘总督，故未及呈奏。至同治九年（1870年），浙江学政徐树铭上奏，为张履祥恳恩从祀孔庙，疏中引用了定居于濮川定泉桥西、私淑杨园先生的余姚名士陈梓对张履祥的赞誉："纯粹如敬轩，而穷研洞悉；谨饬如敬斋，而规模宏远。"还引用了海宁名士祝洤、萧山名士朱坤，以及乾隆年间浙江学政雷鋐对于张履祥嘉言懿行的表述。

同治十年（1871年），经礼部奉旨议奏，大学士、军机大臣奉旨依议。是年冬，得奉圣旨，准以先儒张履祥从祀文庙，列于东庑先儒孙奇逢之次。同治十一年（1872年）春，浙江巡抚杨昌濬恭奉诏书，下文于郡邑，桐乡士民无不欢欣鼓舞，奔走相告。

"布衣祀两庑，古今能有几"（严辰题《杨园瞻礼》），张履祥以布衣从祀孔庙，是桐乡县有史以来的一件大事。

时任桐乡县知县戴枚、县署两位学官及桐溪书院、立志书院山长严辰一起选定吉日，于同治十一年五月初七日召集桐邑士大夫、两院肄业诸生共八十人，齐集学宫，由桐溪书院恭奉栗主在前，戴知县率众人送至文庙内，先在大成门左设，由小儿奉主，面向孔子塑像，官绅恭代行礼。然后请主，奉于东庑，戴知县致祭。供奉张履祥于孔庙东庑，是桐乡县学最庄敬的一场盛典。光绪年间，严辰在纂修桐乡县志时，对张履祥入祀孔庙的缘起与过程作了详尽记载。

同治十三年（1874年）冬，一场飓风袭卷桐乡，县学泮桥东之"高瞻圣域""直上云衢"石坊倒地，石柱皆折。文昌阁左遗有无额石坊，邑绅严辰补书两额，移置泮桥东，加以顶柱，恢复旧观。光绪十二年（1886年），因为县学年久失修，时任桐乡县教谕魏熙元会同桐邑绅士潘陛荣、范庆恩、都守仁、沈善发等，劝捐制钱三千余串，予以修葺，使其焕然一新。

光绪十三年（1887年），严辰完成了《光绪桐乡县志》，记录了县学旧制中"居仁""由义"两斋，"尊经""奎光"两楼，"观德""敬一"两亭及馔堂、号舍、斋房、神库、神厨、杨园祠等处，"今已久废"。从中可以看到，在时代变革的前夜，政治的动荡，经济的衰微，深刻地影响到社会各阶层，呈现出朝代末世即将来临的景象。十八年后的光绪三十一年（1905年），清朝正式废除科举制度，桐乡县学就此终止。

明清时期桐乡县学的学额、学制、读书科目等，与崇德县学基本

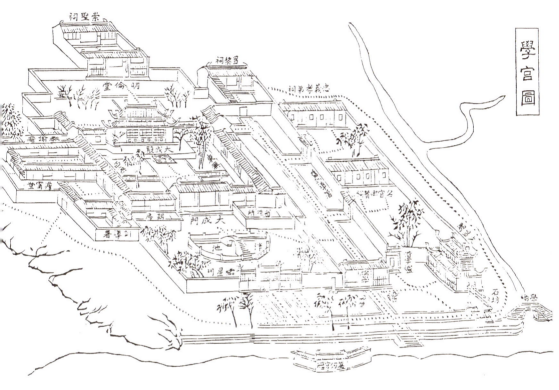

学宫图（《光绪桐乡县志》）

相同。清代，桐乡县学的学额变化较大，时多时少，皆由朝廷额准。

县学经费的主要来源是学田，旧志记载，桐乡县学拥有学田三百七十六亩三分，征银一百五十多两，统归县署经办。

三

《光绪桐乡县志》绘有学宫图，自东南学桥进入，右即"高瞻圣域""直上云衢"石坊及文昌阁。西行过儒学门，是一处广场，南对岸是万仞宫墙。经棂星门入内，见半圆形泮池，过拱形石桥，经大成门，来到学宫中心大成殿，东西有两庑，大成殿后即明伦宫，再北去是崇圣祠。以此为中轴线，东有惜字炉、名宦乡贤祠、忠义孝悌祠，西则训导署、澹宁堂、教谕署。

这是光绪年间桐乡县学的分布图景，毁于咸同年间的县学其他建筑未能复建。

明清时期的县学所在地，今为桐乡第一中学的校址。县学之孔庙大成殿，一直存续到20世纪70年代方被拆除。

旧时，大成殿外有两株老桂，已数百年之久。因此，清康熙十七年（1678年），由桐乡县知县徐秉元修、濮院名士仲弘道纂之《桐乡县志》列有"桐溪八景"，其中第七景为"丛桂儒宫"。

清乾隆年间，学宫之侧树有一块石碑，上刻四句诗：

> 绝壑云浮冉冉，层岩日隐重重。
> 释子岩中宴坐，行人雪里迷踪。

诗是朱熹所写，字是康熙所书。康熙四十六年（1707年），康熙皇帝第六次，也是他任内最后一次南巡。是年春三月，龙舟自运河而来，过境桐乡，时任桐乡县知县刘镇于皂林跪迎圣驾。龙舟从杭州回銮时，刘知县随诸臣乘舟送驾至吴门行宫。这次南巡，康熙皇帝看到河清海晏，物产丰饶，尤其是江南一带满汉融合，经济发达，市井繁华，自是龙颜大悦。按刘知县记载，浙江官员特加一级，颁赐鹿条、果子诸品，又颁御书一幅。刘知县将此御书摹勒于石，供奉于皂林御碑亭，至乾隆十六年（1751年）正月，桐乡县知县李辅德根据浙江巡抚、藩台所议，将此碑移置县学，筑亭供奉。凡过往士民，从中可感知一代帝王对桐乡的眷顾。

康熙皇帝推崇朱子学说，赞其"集大成而续千百年绝传之学，开愚蒙而立亿万世一定之规"，于康熙五十一年（1712年）下诏升朱熹配祀孔庙十哲之次，成为大成殿中第十一哲。

棂星门外东墙下，康熙二十九年（1690年）置有下马石碑，上书："文武官员军民人等至此下马。"圣贤之地十分神圣，所到之人必须深怀敬畏之心，不能惊扰圣人与先哲，这块下马石碑就是无言而严厉的警醒标志。

光绪年间，乌镇名士严辰在县志中详细记载了孔庙殿庑主式、丁祭仪节、丁祭陈设、祝词、乐章、祭器、乐器等。明嘉靖九年（1530年）更定洪武之制，改孔子封号"大成至圣文宣王"为"至圣先师"，撤塑像为木主，其身高二尺三寸七分，广四寸，厚七分。座高四寸，长七寸，厚三寸四分，朱地金书。而四配小于至圣，十二哲又略小于四配，皆赤地墨书。这是孔庙大成殿奉祀圣贤的统一制式，延至清代。但是，桐乡县孔庙大成殿一直未撤圣贤各主塑像，唯清代新增的有子、朱子两哲无像，其余皆延承明初遗制不变。严辰因此感慨道："桐学之像有举无废，弥足动人，以祭神如在之诚。"尤其是大成殿圣贤各像逃过了咸同年间太平天国战火之劫，令他深感"圣教之尊严"。

庄严的大成殿中，悬置自康熙至光绪的清朝历代帝王之御书匾

孔庙大成殿，曾为桐乡一中大礼堂 / 桐乡一中供图

额、八位帝王，御书颂圣，为历朝崇隆之最。

春秋两祭是孔庙最隆重的节日。知县与僚属，县学先生与学员，齐聚学宫，各司其职。至圣先师、四配、十二哲及两庑先儒、先贤，崇圣祠正位、配位、从位，各按规制供置祭品。祭祀仪式中，迎神、初献、亚献、终献、撤馔、送神、上香、读祝、跪拜、叩礼等，皆按祀典程式，其间有乐、有歌、有舞，均承朝廷所制。释奠之礼，一丝不苟、虔诚、庄重而又肃穆。

光绪三十二年（1906年），科举制度虽然终止了，但是孔庙祀典照常举行。是年十一月，光绪皇帝发布谕旨："朕钦奉皇太后懿旨：孔子德配天地，万世师表，允宜升为大祀，以昭隆重。"终光绪一朝，中法战争、中日甲午战争、戊戌变法、义和团运动、八国联军侵华……时势多艰，内忧外患。光绪皇帝终其一生，始终绕不开一个噩梦般的女人——掌握实权的慈禧太后。光绪二十四年（1898年）戊戌变法失败后，光绪皇帝被囚禁在紫禁城瀛台，此后的皇帝谕旨，基本上是太后懿旨，如祭孔中祀升为大祀这道谕旨，亦是如此。慈禧太后试图以儒教维系世道人心，以孔子圣符作为"道统"维持清朝的封建统治。然而大厦将倾，已无力回天，在辛亥革命的前夜，朝代的衰亡注定到来。

民国二十年（1931年），桐乡县政府在县学西漾角的三间平房、一间披房开办桐乡师范讲习所。六年后的1937年7月7日，"卢沟桥事变"爆发，是年冬桐乡沦陷，日军占据县学。至抗日战争结束，县学所在地悉遭破坏，仅存孔庙大成殿及少数附属建筑。民国三十六年（1947年），桐乡县政府在此创办县立初级中学；1956年改称"浙江省桐乡中学"；1958年崇桐两县合并后，更名为"浙江省桐乡第一中学"，简称"桐乡一中"。伟岸高大、雕梁画栋的大成殿演变为学校的大礼堂，也是学生们雨雪天室内体育活动的场所。

1973年7月，在那个暑热的夏天，梧桐建筑队开始拆除大成殿，历时两个多月，随着最后一根柱子的倒下，古朴庄重的大成殿消失了。四根柱子换得四吨钢材，今人可以想象大成殿柱子之粗壮与高大。

光绪年间严辰看到的大成殿前那两株已数百年的桂花树，不知消失于何时，是枯萎还是被砍伐，亦无人知晓。于大成殿前栽下这两株桂树的那人，心中定怀"芝兰秀发，折桂争先"的美意，祈愿桐乡学子寒窗苦读，他日蟾宫折桂。那时的学宫还有许多古柏、古槐等树，"高树拂云，清流绕岸"，真是一处让人流连忘返的好地方。

1947年，随着桐乡县立初级中学的创办，在两株老桂树的原址植上了两棵梧桐树。

日复一日，年复一年，在校园里的琅琅书声中，两棵梧桐树日渐长大。大成殿被拆除之后，筑成自南而北的校园大道，一东一西的两棵梧桐树，矗立在大道两端，迎来送往一代又一代桐乡一中学子。

一个初夏的午后，正是双休日，一中校园十分安静，我在东面的梧桐树下站了一会，又在西面的梧桐树下站了一会，遥想旧时的两株桂花树，还有供奉圣贤塑像的大成殿……此时此刻，从前的景象仿佛幻化而至。

梧桐枝叶郁郁葱葱，明媚的阳光照耀其上，枝叶间有许多金色的光线穿越下来，茂密的叶子碧绿似玉，晶莹而剔透。

古时桐乡遍植梧桐，凤凰来栖。梧桐，可谓桐乡之市树。从明清时期的桐乡县学，到当代的桐乡一中，草木芳华，文气蕴集，飞出了一只又一只金凤凰。

梧桐乡是凤凰家，这是多么美好的寓意！

自明宣德五年以降，桐乡学宫历经五百多个春秋岁月，故人往事并未如烟消散，镌刻在旧志古籍中的文字，已详细记录了桐乡悠久的历史文化。

· 杏坛铎声 ·

孟子云："夏曰校，殷曰序，周曰庠；学则三代共之，皆所以明人伦也。"夏殷周三代，学校的名称各不相同，但是对于"学"的称呼则是统一的，其教育的目的都是让学生明白人之伦常。因此，后世官学的讲堂普遍为"明伦堂"。

从夏朝、殷商到周代，官学都是培养贵族子弟的精英教育。到了春秋时期，出现了一位伟大的人物，他就是至圣先师孔子，孔子提出了"有教无类"的观点，主张任何人都应当受到教育，享有接受教育的权利，从而打破了贵族对于教育资源的垄断。他身体力行，创办私学，接纳无法进入官学的学生读书学习。推崇周代礼仪的孔子，将周朝贵族教育体系引入私学中，可使平民学子接受贵族弟子的教育，学习与掌握礼、乐、射、御、书、数这"六艺"，使其有机会脱颖而出，修身齐家治国平天下。司马迁在《史记·孔子世家》中记曰："孔子以诗、书、礼、乐教，弟子盖三千焉，身通六艺者七十有二人。"孔子的教育思想与教育实践，对二千五百年来的中国的教育事业产生了广泛而又持续的巨大影响。

自秦汉以降，历代皆尊孔崇儒，创办官学。隋唐时期以科举取士，从中央到地方形成了系统的官学制度，一直延续至清末。官学招生向有限额，且学规繁苛。而孔子所开之私学先河，始终源远流长。民间书院则是融合官学与私学之所长的教育场所。古代的鸿儒硕学从隐居修身、藏书治学开始，尔后聚徒讲学，研讨学术，形成了书院。书院起于唐，兴于宋，与官学互为补益，双轨并行。元代对各地书院加强了控制，使充满生机的书院沦为科举附庸。明代，书院在沉寂、复兴、禁毁之路上历经悲喜。至清代，书院彻底官方化了，与元代相似，失去了治学的独立性与教育的自由性。

古代的桐邑一地，亦产生了许多书院，为推动本地教育事业的发展起到了积极的作用。

传
贻
书
院

一

　　传贻书院的前身为传贻堂，南宋将军辅逵之子辅广所创。

　　史载辅逵"本赵州人，寓居崇德。乾道间，为后军统制"。在南宋初期的乱世中，军人辅逵征战沙场的事迹见于《宋史》《大明一统志》《古今图书集成》《续资治通鉴》等历史文献。宋隆兴年间，皇帝赵昚拟令辅逵从军队转业，出任泰州知州事，那时的泰州是南宋的边郡。皇帝召辅逵，问其是否能胜任此职，时年已六十多岁的辅逵爽朗允道："当以家法治之。"皇帝问何法，辅逵回答："保安军民，爱惜财赋。"就这样，骁勇善战的辅逵由武转文，出知泰州。他上任后，告诫僚属："吾目不识丁，手不解书，但心能烛理，耳能听讼尔。"泰州官吏肃然警戒，不敢欺瞒这位将军上司，同心治理郡务，使泰州一地井然有序，百姓安居乐业。

　　辅逵一家何时寓居崇德，史载不详，古人云"大夫七十而致事"（《礼记·曲礼》），或是他在泰州任上退休之后。其居崇德，又有两个记载，一处是南津乡孝义里，另一处是永新乡前朱里。

　　辅逵生有四子，廉、广、庠、康。虽然辅逵自己不能识文断字，但是他的儿子中却出了一个名扬天下的大儒，那就是次子辅广。

辅广，字汉卿，号潜庵，生卒年不详。辅广出自军人之家，志书上说他"少倜傥，有大志"，其志在读书治学。然而，他四次科举皆不第，便绝意仕途，专心读书。辅广有两个著名的老师，先是吕祖谦，东莱先生；其后是朱熹，考亭先生。南宋时期，吕祖谦、朱熹都是著名的理学家，两人合编过《近思录》，精选北宋周敦颐、张载、程颢、程颐的语句，以阐述理学思想，确立儒家道统。吕祖谦逝世于淳熙八年（1181年），辅广执弟子礼于朱熹门下，深受朱熹的喜爱与器重。辅广与同为朱熹高足的黄榦相处甚洽，悉心治学，互有发明，时称"黄辅"。黄榦，字直卿，号勉斋，既是朱熹弟子，又是朱熹女婿。朱熹、吕祖谦、黄榦、辅广都是先后入祀孔庙的大儒，这个方阵太强大了。

庆元元年（1195年），南宋朝廷发生了一场激烈的党争，其中一方的主角正是崇德县（今桐乡市）人赵汝愚，且牵涉到了朱熹的沉浮。

赵汝愚（1140—1196年），字子直，宋太宗八世孙，生于洲钱（今洲泉镇）。作为宗室一脉，赵汝愚年少有志，经常对人说："丈夫得汗青一幅纸，始不负此生。"乾道二年（1166年），赵汝愚擢进士第一，因是宗室子弟，被黜为榜眼，自此踏上仕途。

绍熙五年（1194年），在太上皇孝宗去世、皇帝光宗称病不执丧礼之际，时任知枢密院事的赵汝愚果断策划了"绍熙内禅"，拥立嘉王赵扩为帝，是为宁宗，使南宋王朝避免了一场君权嬗递的政治危机。宁宗即位后，任命赵汝愚为光禄大夫、右丞相。然而，身居相位的赵汝愚没有对"绍熙内禅"有功的知阁门事韩侂胄论功行赏，反而对他说："吾宗臣也，汝外戚也，何可以言功？"这在韩侂胄的心中埋下了怨恨的种子。那时，赵汝愚推荐召来的朱熹，担任焕章阁待制、侍讲，负责为宁宗经筵讲学。旁观者清的朱熹看到了树立政敌带来的危险，建议对韩侂胄"当以厚赏酬劳，勿使预政"。但是，正处在权力巅峰的赵汝愚不以为然。到了第二年，即庆元元年，外戚韩侂胄与宗室赵汝愚正式展开了

宋大儒辅广像 / 张天杰供图

权力之争，两大集团对决，风云骤起。对于韩侂胄的攻击运作，缺乏处置预判的赵汝愚应对失策，最后一败涂地。他的政治盟友皆被清算，而入宫仅四十余天的朱熹旋被罢职。"奋不虑身"的赵汝愚失去了右相大位后，先是被贬为福州知府，后又诏谪为宁远军节度副使，永州安置。庆元二年（1196年）正月，赵汝愚"至衡州病作，为守臣钱鍪所窘，暴薨"（《宋史·赵汝愚传》）。

一代名相赵汝愚就此陨落，而一代大儒朱熹也迎来人生的至暗时刻。庆元二年十二月，"伪学逆党"之禁进入高潮，监察御史沈继祖罗织了朱熹"不忠、不孝、不仁、不义、不公、不谦"六大罪。福建龙溪人、淳熙十一年进士余嚞居然上书"乞斩熹，绝伪学"。落职罢祠的朱熹，弟子四散，那时他已是"年来无朋友共讲，有话无分付处"，唯独辅广不为所动，卖了家产，赶往武夷山，陪侍朱熹左右，问学修道。疾风知劲草，故朱熹如此感慨道："当此时，立得脚定者，甚难，惟汉卿风力稍劲！"庆元六年（1200年）四月，朱熹在忧愤中病逝。在儒学的发展过程中，朱熹继承了孔孟思想，成为理学之集大成者，为确立儒家文化的道统地位起到了承上启下的历史作用。

南宋著名理学家魏了翁在《朱文公语类序》中写道："开禧中，余始识辅汉卿于都城。汉卿从朱文公最久，尽得公平生语言文字。每过余，相与熟复诵味，辄移晷弗去。余既补外，汉卿悉举以相畀。"

辅广之于魏了翁，是亦师亦友的关系。在此序中，可知开禧年间（1205—1207年）辅广仍居京师临安。

《宋元学案》记载了辅广的一则轶事：开禧北伐失利后，宋遣使方信孺三赴金国，他舌战敌酋，坚守底线，和议未成，朝廷拟请辅广为使，辅广辞曰："考亭诸生，老不称使。"考亭，即朱熹。庆元"伪学逆党"之禁，给辅广留下了深刻的阴影，挥之不去。

所谓"开禧"，并没有给南宋带来吉祥，而对于权倾朝野的平章军国事韩侂胄而言，更是一场悲剧。他扬岳贬秦，力主抗金，兴兵北伐，却不料于开禧三年冬遭到暗杀，死于非命，宋廷"函首畀金"，宋金始得议和。南宋王朝蒙受的屈辱，于此达到顶峰，仿佛被抽掉了脊梁骨。

嘉定元年（1208年），辅广上书政府，所言皆剀切，"反复于是非成败之际，政府不悦"（《宋元学案》）。私淑朱熹的南宋著名理学家真德秀就是在那时认识辅广的，二十年后，真德秀说辅广上书所言无一语不应验。这已是绍定年间，从宁宗到理宗，这个时期所发生的一切变化，使真德秀想起了嘉定元年辅广的金玉良言，深感辅广对于政局、时世的敏锐见识与前瞻思维。

既与朝廷不合，就没有必要再待在京师了，辅广归隐崇德县城，在居住之处辟有读书堂，悬匾"传贻"，谓"传之先儒，贻之后学"。他忘不了八年前去世的恩师，故祀朱熹于读书堂中，似问学如旧。同时，他出任了崇德县学职，任主学，无论是传贻堂，还是县学，辅广沉浸在讲学授徒的教育事业中，人称"传贻先生"。就在这一年，他的儿子辅大章折桂登第，以进士出知湖南武冈县。

在"嘉定更化"中，韩侂胄一党悉遭清洗，成为赵汝愚一案的翻版，帝王仍是那个帝王，臣子皆旧人换新人，凡热血主战者沦为权力斗争的牺牲品。寡恩薄义的朝廷，终是令人心寒。偏安一隅的南宋政坛始终在和与战中举棋不定，随风摇摆，造成了多少不堪回首的屈辱惨剧！如岳飞殒命风波亭，换得"绍兴和议"；如韩侂胄丧身玉津园，签来"嘉定和议"，都是一曲又一曲令人顿足捶胸的长恨歌。

诗人陆游与辛弃疾一样，向为主战之士，然而，韩侂胄的惨死，开禧北伐的失败，令他收复中原的梦想幻灭。嘉定二年（1209年）冬，陆游染病，卧床不起，在这年最后一天去世，他的临终绝笔是一首《示儿》诗："死去元知万事空，但悲不见九州同。王师北定中原日，家祭无忘告乃翁。"这是多少南宋士民的悲怆心声！

嘉定年间，赵汝愚尽复原官，增谥"忠定"。朱熹亦恢复昔日荣光，谥号为"文"，赠中大夫、特赠宝谟阁直学士。有官员以"卫道扶世"有功荐请辅广入仕，但是，居于崇德县城的辅广坚辞不就，只食祠禄，表明了他对于政治现实的清醒认识。

辅广从嘉定元年起任崇德县主学，何时终止，未详。查旧时邑志，一直到嘉定十六年（1223年），钱孝溥接任了学职。那时，辅广先生已不任此职了。

辅广著述丰富，弘扬理学，贻之后人，影响了一大批友人及弟子，如魏了翁、真德秀、董槐、郑寀，都是当世名士。

二

咸淳五年（1269年），家之柄出知崇德县。按邑志记载，这是宋代崇德最后一任知县。那时，南宋已呈现末世来临的景象。自端平元年（1234年）宋最终联蒙灭金、一雪百年耻辱之后，恶狼虽亡，猛虎旋至。宋理宗"端平入洛"失败后，蒙军顺势南侵。此后一直战乱不休，惜南宋在军事上的积贫积弱，难以阻挡蒙军铁骑。家之柄担任崇德知县这一年，蒙军围困南宋军事战略要地襄、樊两城已数年之久，只因朝中奸相贾似道把持朝政，欺瞒登基才五年的年轻皇帝，不知宋之将亡的度宗赵禥犹终日沉湎女色。

知县家之柄浸润儒家学说，推崇朱熹理学，对其弟子辅广十分尊重。因为辅广已去世四十多年，其子辅大章出任武冈知县后的履历查无记载，旧在县治东二百四十步的传贻堂无人打理，所以家知县决定重塑"传贻"品牌，以"彰善瘅恶，表厥宅里，树之风声"。他着手重修传贻堂，改为"传贻书院"，匾堂名为"本文"，增建"书味""师传"两斋，祠奉朱熹朱文公。

这位姓家名之柄的知县，历史记载极少，但是在文及翁的《传贻书院记》中透露出了家之柄祖上的信息，如"以元祐同门、元符上书，故家习闻《诗》《礼》，及见典刑，洋洋舆颂，挺挺祖风"，根据这一线索，查阅到《宋史》之《家愿传》。家氏乃四川眉山望族，家愿的父亲家勤国与从兄安国、定国，均从学于眉山名士、寿昌书院刘巨，与苏轼、苏辙兄弟是同门学友。家勤国是位耿直的学者，因王安石变法，废黜《春秋》之学，他愤而著《春秋新义》；司马光当政后尽废新法，矫枉过正，他忧而作《室喻》。苏轼、苏辙读后，皆为敬叹。家勤国的儿子家愿，绍圣元年（1094年）进士。元符三年（1100年），四川乐至知县任上的家愿应诏上言，极论时政，洋洋万言。在随后的"崇宁党禁"中，他因元符上书，被列入元祐党籍"邪下等"黑名单，其宦途在朝廷无情的党争中沉浮不定。宋室南渡后，家愿先后出知阆州、彭州，著有《罪言》，论述边防事务。《宋史》赞其"奇迈危言，摧折弗悔，咸有可称"。淳祐（1241—1252年）间，家愿曾孙家大酉入宫侍讲经筵，理宗赵昀询其曾祖父家愿策论，家大酉从容道来，理宗动容感叹，亲书"西社同门友，元符上书人"十个大字，赐予家大酉。文及翁撰写《传贻书院记》时，专门提到了"元符上书"这段往事，想来家之柄或是家愿后裔，至少是家氏族人。

文及翁，字时学，号本心，蜀人，后寓居吴兴（今浙江湖州）。宝祐元年（1253年），文及翁进士及第，以一甲第二名入仕。咸淳五年（1269年），文及翁任朝请郎、直华文阁、权知嘉兴军府兼管内劝农事、节制澉浦金山水军，是年十月十日，文及翁应家之柄所请撰成《传贻书院记》。

榜眼文及翁对朱熹传人辅广的生平甚是熟悉，如数家珍，说辅广"著书满家，《易》《书》《诗》《春秋》《礼记》有注释，《大学》《论语》《孟子》《中庸》有问答，《通鉴》有说，师训有编，日新有录，杂著有稿，袭藏于家"。他还写道："至今语溪之人薰其德而善，良不知其凡。"语溪，乃崇德之古称。

辅广之道德文章，不仅遗泽乡里，而且广被海内。

在南宋晚期，传贻书院与东之二十步的县学一样，成为崇德一邑的教育圣地。

三

宋元鼎革后，传贻书院毁于元代兵燹。何时所毁，明嘉靖年间张屿《重立传贻书院记略》称"至元丁酉"，元朝有两个"至元"年号，分别是元世祖与元顺帝在位时期，均无丁酉。不过元顺帝时的至正十七年（1357年）是丁酉，那一年苗兵祸乱，崇德州学被毁于一旦，相邻的传贻书院应是难逃劫数。想来"至元丁酉"是张屿笔误所致。在邑志"官师志"中，至正二十年（1360年），担任崇德州学学职的两位名士朱志道、徐梦吉皆任传贻书院山长。朱志道是明永乐年间大理寺左丞朱逢吉的父亲；徐梦吉乃浙派琴人，编著有《琴余杂言》《弹琴启蒙》。

废墟中的传贻书院一直到明朝中后期才迎来新生。明嘉靖十三年（1534年）春，岳州华容人张守约出任崇德知县。张守约，字彦博，别号墨山，嘉靖五年（1526年）进士。县衙官吏得知张知县将于某月某日莅任，便循例以官舟在运河口岸迎接，岂料张知县已雇了一条小船，来到崇德，宿于河下，微服私访。没人知道这位陌生人就是新来的县太爷，当然有什么说什么，无所顾忌，这使张知县洞悉民意，掌握民情——这是守邑治政的必备功课。

张知县上任后，重视教育，振作士人，得知传贻书院久废湮没，喟然道："伟哉往献，潜庵足征。诸生不免野处私从考论，此吾奉邑无状。"他请县学诸生按照旧时记载，寻找传贻书院遗址。由于传贻书院毁已一百八十余年了，有人说在乡贤祠，有人说在射圃地，莫衷一是。张知县经过实地考察，往县城西，达天清道院别业，得地十亩有余；另有地五亩九分，昔为淫祠"李王堂"基地，张知县捐俸购买，加以拓宽。

重建后的传贻书院，南为书院楼，五间，榜额"传贻书院"，由时任浙江布政使司左参政洪珠所题。洪珠乃福建莆田人，工书法，于嘉靖十四年为岳庙照壁榜书"尽忠报国"四字，雄浑遒劲，正气浩然，迄今犹在。北则尊经阁，五间，奉祀朱熹与辅广。阁前左右掖楼，共有八区，分别额有"格物""致知""诚意""正心""修身""齐家""仁让""絜矩"，每区楼三间，书院设有东西讲堂。其阁取之资福院，其楼取之马鸣庙，皆为淫祠，依例得撤，移建传贻书院。张知县对崇邑学子寄予了深切厚望："吾为诸生复故传贻书院，诸生勉乎，无坠汝乡文献。"他供以粮饷，使诸生安心读书，并常至县学、书院与诸生会讲。

张知县还在传贻书院门外树起表坊，表彰崇邑先达及明朝以来甲科者，"表皆坚石，鸥薨巍然，鳞次栉比"，而所需费用皆出"公羡"，不取百姓一分一毫。

时任崇德县教谕邓楷、训导卢如冈请邑人张峍撰写《重立传贻书院记略》。张峍，正德十二年（1517年）进士，授南京刑部主事，今崇福中山公园内遗有其进士牌坊，上刻"正德丁丑科张峍"，保存至今已五百余年，殊为难得。从他的《记略》中可知，知县张守约于嘉靖十四年（1535年）夏秋之间升大理寺评事，麻城举人喻冲于是年秋九月到任崇德知县。其时传贻书院还有小部分工程尚未完工，喻知县捐俸集工，委托主簿魏凤督工，于冬十一月告竣。

嘉靖二十一年（1542年），济宁举人雷震出任崇德县教谕，深为张知县之道德操守折服，由邑人姚汝舟再撰《重立传贻书院记》，勒石铭记。姚汝舟，嘉靖十七年（1538年）进士，授刑部主事，历郎中，官至太平府知府。

张知县守邑仅一年多时间，不仅"摧强扶疲，奸宄慑息"，而且清贫自守，洁身自好，来时轻舟简从，去时图书数箧，给老百姓留下了深刻的印象。三十年后的嘉靖四十五年（1566年），南阳进士朱润出任崇德知县。旧时城北河畔筑有去思亭，纪念张知县，因年久圮毁，朱知县募民重建。众人请沈宏记述张知县政绩。沈宏，石门人，嘉靖十四年（1535年）进士，授刑部主事，寻补武选郎。沈宏任广西副使时，因剿抚有功，御赐白金文绮，擢升为广东按察使，致仕归乡后居石门篁墩。张守约任职大理评事、大理寺正时期，初出茅庐的沈宏时为刑部主事。一个是崇德知县升迁而来，一个是崇德进士入仕，都是在司法系统任职，又得"乡情"所系，故谓沈宏为"公之门人"。沈宏义不可辞，撰成《张侯去思碑记》，称"秉彝好德，自不能泯"。

实际上，知县张守约重建传贻书院两年多后，屡有大臣上疏反对"王湛心学"，请毁书院，愈演愈烈。至嘉靖十七年（1538年）五月，"毁天下书院"（《皇明大政纪》），祸及传贻书院，废为义仓。崇邑名士吕希周不忍毁去，出资买地，迁出义仓，租下传贻书院，以图保存。

隆庆年间（1567—1572年），追慕辅广先生的举人胡其久上书并捐资，力请恢复传贻书院。隆庆六年（1572年）出任崇德县知县的福建同安进士蔡贵易，于万历初重建传贻书院门三间，堂三间，专祀辅广先生。胡其久为传贻书院提供经费，并汇集辅广格言、遗训，辑为《语溪宗辅录》四卷。

蔡知县与胡其久"披襟领契"，推诚相与。胡其久赋有一首五言律诗《和蔡使君登尊经阁》：

高阁春云满，追陪此眺临。关河千里色，礼乐百年心。

树指青山远，莺啼绿柳深。谈经谁上席，有道属于今。

胡其久与蔡知县相与唱和，从这首诗中可知他们志同道合。后来，胡其久知福建龙岩县事，惜仅一年，卒于任上。而蔡知县与浙江的缘分未尽，先后出知宁波府，擢任浙江按察使。他于万历二十七年（1599年）冬去世。

万历初期，内阁首辅张居正励精图治，实施改革，其中之一就是禁讲学而废书院。万历"七年春正月戊辰，诏毁天下书院"（《明史》）。至万历十年十月，在张居正去世还不到三个月，朝廷便下旨："凡天下书院，俱准复之。"或毁或复，各地书院尽遭折腾。

万历二十九年（1601年），时任崇德知县陈允坚奉辅广先生遗像于传贻书院中。

万历三十五年（1607年），福建海澄人靳一派出任崇德知县，当时正值崇邑涝灾，百姓朝夕待粮。他浮轻舟于邑，按人口赈粮，渐复生气后，靳知县于次年筹划重修传贻书院。

蔡知县于万历初修葺的传贻书院，距此已三十余年，楼阁破败，遍地荒草。同为福建人的靳知县使命相承，他捐俸二十缗，衙中官吏皆响应，乡绅、秀才、生员及邑中富人都好义乐助，浙江督学陈公拨发学租十金，合力共襄其事，于万历三十七年（1609年）正月初三修建，二月十五日完工，共费九十余金。是年仲秋日，靳知县撰成《重修传贻书院记》。

然而，仅十余年后的天启年间（1621—1627年），以宦官魏忠贤为首的阉党集团残害东林党人，拆毁东林书院，并殃及天下书院，崇德县之传贻书院自是无法独善其身。

由嘉靖而万历至天启，三毁书院，毁而复，复而毁，天下书院的动荡起伏，正是摇摇晃晃的大明王朝走向衰落的折射。在这个时代背景下，传贻书院亦是兴废不定。

明末崇祯年间，庠生胡汉阳拟募修传贻书院。胡汉阳是生员胡献中之子，三岁时父亡，母亲吕氏才二十六岁，他由祖父胡其久抚养。胡其久出知龙岩县时，还把他带在身边。胡其久不幸去世后，吕氏含悲赶往福建，邑志载曰："吕跋涉数千里，抚孤扶柩以归。"

胡汉阳动议修建传贻书院，派仆人前往福建同安请蔡献臣作《重修传贻书院序》，序中称胡汉阳为"公（胡其久）之冢孙"，冢孙，指嫡长孙。

蔡献臣是万历初重建传贻书院的崇德知县蔡贵易之子，万历十七年（1589年）进士。入仕后，出任过浙江巡海道、浙江提学副使，颇具政名，历官至南京光禄寺少卿。蔡氏蔡宗德、蔡贵易、蔡献臣祖孙三代，皆为廉吏名宦。

蔡献臣在序中深情回忆隆、万年间胡公与父亲共谋重修传贻书院的往事。胡其久捐牌坊赀二十三两，助以赎地。蔡知县不避吏禁，捐俸赋工，"不数月，而门属之门，堂属之堂，其斋相偶，其序相翼，举从来所废坠者，辉煌照耀……"可以想象传贻书院修复一新时，胡其久与蔡知县是多么的舒畅。如今，胡公之"冢孙"胡汉阳又议修古院，蔡献臣当然愿助一臂之力，以"恢复当日之旧"。

蔡献臣撰写此序时，"岁上章执徐春季"，那是崇祯十三年（1640年）的春天。崇祯一朝，自然灾害频发，饥民流亡遍野，陕西李自成兴兵起义。崇祯十三年，大明王朝正处在灭亡的前夜。

在此风雨飘摇之际，崇邑名士胡汉阳犹在规划重修倾圮荒废的传贻书院。

福建同安蔡家与浙江崇德胡家因为传贻书院而结缘，成为世交。

再读《重修传贻书院序》，其中散发的温度，越三百八十余年，依然炽热，令人感怀。

四

传贻书院，自宋兴建，历元而明，命运多舛。进入清代后，过去了三十多年，圮废的传贻书院仍荒芜如旧。

直到康熙八年（1669年），一位北方书生来了，他就是怀柔拔贡杜森。那时，崇德县已改名石门县，作为新任知县，杜森初来乍到，即逢水涝巨浸，次年又是大旱，他安抚百姓，救济贫困。邑中有许多荒地，但是粮赋税银按地均摊，百姓不堪承受，官吏难以征解，造成官民之间的矛盾冲突。杜知县了解详情后，吁请蠲免除荒，实事求是陈述于上，得朝廷准免。在"葺废整坠"中，修复沉没于颓垣荒草中的传贻书院，也提上了议事日程。

康熙十一年（1672年），杜知县与邑绅夏方昊、何如教、祝文彦、吴震卫、胡直方、朱霈一起商量，营复传贻书院，众皆热烈支持，协力募捐，杜知县捐俸为创，并撰《重建传贻书院序》。但可惜的是，天不假年，杜知县不幸患病去世。

康熙十三年（1674年），湖广人邝世培担任知县，接力杜知县重建传贻书院，并以现任主修身份完成了杜知县纂修的《石门县志》。

至道光八年（1828年），新任知县是卢崑銮。在此之前，卢崑銮知临安时，倡立锦城书院，到了石门县后，读了辅广先生的书籍，深感"圣贤之道可传可贻"。那时，传贻书院距康熙年间重建已一百五十多年了，虽然屡有修葺，但已废败不堪。卢知县捐廉以创，邑绅发起捐资，购屋于青阳门内，移建传贻书院。

重建后的传贻书院，占地十六亩余，墙门三楹，讲堂三楹，后

堂贻传

辅广晚年回到崇德县城，谨筑传贻堂，取传之先儒以贻后学之义，讲学授徒。咸淳五年(1269)，崇德士人为纪念辅广讲学，改传贻堂为传贻书院。

以贻后学

传之先儒

辅广

辅广（约1145—1230），字汉卿，号潜庵，学者称传贻先生。祖籍赵州庆源（今赵县）人，随父迁居崇德（今桐乡）。师事吕祖谦、朱熹，以朱熹学为主。南宋光宗、宁宗年间在崇德创建传贻书院讲学，时称"传贻先生"，崇德自此兴学重教，成为江南学术重镇之一。崇德士人为纪念辅广讲学，改传贻堂为传贻书院。

传贻堂 / 濮院镇人民政府供图

楼五楹，奉祀辅广栗主。西则客座、燕居，为执事所居及厨房、洗漱之处。建屋十五楹，中庭垒石为山。书院前有池塘，后有一株银杏古树，旧志载"大数十围"，茁壮葱茏，至光绪年间此树犹在。

咸丰十年（1860年），传贻书院毁于太平军。同治三年（1864年），湘潭人杨恩澍奉檄知石门县事，他十分重视教育，"月一课士，考校必严，鉴衡必精"，并决计修复传贻书院。是年冬，杨知县"捐廉以创，鸠工庀材"，在青阳门故址施工七月，堂室复建如初。

当时，传贻书院遗田甚少。同时毁于咸丰年间的崇文书院，原为乾隆年间由邑绅郑廷珠、闻永绥、锺城、黄费凤、马锡畴、孙涛购入西门内秋水潭东北的吕氏废园，乾隆三十一年（1766年）为"崇文堂"，供文昌帝君，至嘉庆三年（1798年），知县方维翰改题"崇文书院"。崇文书院有讲堂三间、中厅三间、后楼三间，轩、廊、庖、湢皆备，"旁屋桑地，缭以垣墙，池水后绕，修竹掩映"，是读书治学的好地方，乾嘉年间人才辈出，盛极一时。执掌崇文书院之诸君，还大力从事慈善义举，"邑中凡埋胔、施槥、给药、放生、惜字、赈荒、恤嫠诸善举，皆集于此"，成为石门县城一处社会中心，惜其毁后未再复建。崇文书院之学田及其善举公产，悉数拨入传贻书院，包括邑人陆续捐赠之田亩，以其经营收入，供资生童学习费用及膳食支出，而书院山长的脩金，则由县署支付。

同治六年（1867年）秋，杨知县擢补郡守，即将离开石门县时，有一天晚上，梦见一位庄重肃然的古衣冠人，持名刺来拜访他，且谢曰："今有以成吾志、踵吾事矣，感君甚，异日再相见。"杨知县醒后，乃悟辅广先生之托梦，故予以记之。私淑辅广先生的同治年间举人谭逢仕是杨知县门下士，在撰写《重建传贻书院记》时，记述了杨知县的这个梦，深为惊异，自宋而清，辅广先生殁后七百多年，然"殁而有知，其眷恋于此也"，惊叹其灵若神！

杨知县前往传贻书院，存俸四十缗，使其经营生息，为辅广先生释奠治墓费用。传贻书院旧奉辅广栗主，其墓则在邑城西门外里许。

同治九年（1870年），知县陈谟为传贻书院"捐廉六百千，存典生息，以补不足"。

同治十一年（1872年），婺源人余丽元（字介石）出任石门知县。光绪四年（1878年）二月，是他六十寿辰。在任七年间，余知县勤政爱民，勉力兴教，深受士民爱戴。桐乡名士严辰赋诗《戊寅二月寿石门余介石明府丽元六十》以贺，其中一首是："两邑原从一邑分，仁声仁政早传闻。七年异最夸僚吏，四境讴歌颂使君。捧到兕觥齐介寿，迎来凤诏为褒勋。好官近事人争说，制外钱无取一文。"

这一年，余知县对传贻书院重加厘正，并捐养廉银"六百千"，存典生息，定为诸生常奖，每月初一与十五，给予生童膏火，并恢复关门课士的旧制，还选刻若干佳文，以各种方式激励诸生刻苦攻读。是年秋，余知县纂修的《石门县志》开雕，至次年仲夏付梓印行，嘉兴知府许瑶光作序，《石门县志》木刻雕版收藏于传贻书院。

光绪四年（1878年），知县余丽元根据本邑绅士、刑部主事徐宝谦等禀请，呈请辅广从祀于孔庙，经嘉兴府、浙江布政使司详实，浙江巡抚梅启照上奏，礼部奉旨依议，"综核辅广学行，洵足阐明圣学，羽翼经传"，于光绪五年十二月初三日议定，"准以辅广从祀文庙，其位次应在西庑先儒黄榦之次"，钦定准奏。

光绪六年（1880年），一代大儒辅广先生正式从祀孔庙。

五

光绪二十五年（1899年），福建闽县人林孝恂知石门县事，其后的光绪二十七年、二十九年又两任石门知县。

林孝恂，字伯颖，光绪十五年（1889年）进士，在担任石门知县的过程中，他与这个江南水乡结下了深厚的情谊。如光绪三十三年（1907年）七月十五日，鉴湖女侠秋瑾在绍兴古轩亭口英勇牺牲后，石门县徐自华与桐城县吴芝瑛以巨大的勇气，秘密将秋瑾灵柩埋葬于西湖西泠桥畔，实现了女侠"埋骨西泠"的遗愿。次年十月，御史常徽巡游西湖，发现了秋瑾墓，上奏请平秋瑾墓、严惩营葬发起人，朝廷准奏。新任浙江巡抚增韫询问时任仁和县知县林孝恂有关徐自华姐妹的情况，林孝恂三任石门知县，与徐家自是熟悉，并且颇有好感，便答复道："徐自华妇人之仁，物伤其类，徐蕴华是女孩子，少不懂事，盲目附从。"时至今日，依然令人感受到林知县的宽厚与温情，仿佛是一位父亲对一双女儿的极力呵护。他的儿子林长民，是清末民初政治家。林长民的女儿便是家喻户晓的民国才女林徽因，她最重要的身份不是作家、诗人，而是中国第一位女性建筑学家，她的生平成就不是与徐志摩、金岳霖等人的交往轶事，也不是"太太的客厅"，而是参与设计的新中国国徽、人民英雄纪念碑、八宝山革命公墓主体建筑等，以及景泰蓝工艺的革新、保护北京古都建筑所做的一切努力。

　　林知县任职期间，把他的两个侄儿林觉民、林尹民带到了石门县，就读于传贻书院。

　　宣统三年（1911年），中国同盟会策动广州起义，林觉民、林尹民两位堂兄弟已成长为热血青年，他们追随革命先驱黄兴，于四月二十七日攻打总督衙门，林尹民血洒沙场，林觉民负伤被俘，五月三日从容就义。黄花岗七十二烈士中的林氏两兄弟，于同年出生，于同年牺牲，享年二十四岁。

　　笔者早年读过林觉民的《与妻书》，知道了在广州起义前三天的深夜，还在香港的林觉民深知生死难卜，但义无反顾，提笔给妻子陈意映写了这封诀别信，其中写道："吾充吾爱汝之心，助天下人爱其所爱，所以敢先汝而死，不顾汝也。汝体吾此心，于啼泣之余，亦以天下人为念，当亦乐牺牲吾身与汝身之福利，为天下人谋永福也。汝其勿悲！"他对妻子的深深爱意融入强烈的家国情怀中，既柔婉又真挚，动人心弦，催人泪下。多年以后，我才知道林觉民与林尹民曾经是传贻书院的学子，倍觉亲切，引为同乡，更添了一份敬仰之情。

光绪二十七年（1901年），光绪皇帝诏谕全国书院改为学堂。次年，石门知县林孝恂改传贻书院为石门县学堂，设甲乙两学级，在主课"四书五经"的基础上，增设史事、艺术、算术、体操、图画等课程。随后数年间，清政府先后出台了《奏定学堂章程》《奏定女子小学堂章程》与《奏定女子师范学堂章程》，奠定了中国现代教育之初等、中等、高等的基本学制，包括女子教育，首次冲破了数千年以来学校教育的禁区。

民国元年（1912年），石门县学堂自青阳门旧址迁至太平弄文林祠，两年后更名为崇德县立第一高等小学，民国十八年（1929年）迁址晚村路，与崇德县立女子学校等合并为崇德县立第一小学，徐自华的妹妹、秋瑾的学生徐蕴华任校长。"淞沪会战"后，崇德沦陷，侵华日军占据学校。至抗战胜利，县政府接收了日伪时期设立于西寺内的崇德县立小学，改为崇福镇中心国民学校。新中国成立后，创办崇福镇第一完全小学，此后历经变迁，如今已发展成为崇德小学教育集团。

"传之先儒，贻之后学"，是辅广先生的初心。自宋嘉定年初辅广归里筑传贻堂于崇德县城收徒讲学，至咸淳五年（1269年）知县家之柄创建传贻书院，历元明清三朝，最后转型为新式教育，七百年的兴与毁，一个又一个崇儒重教的人物，一段又一段仁义大爱的往事，并未如风消逝，始终是我们文化记忆中最温暖的篇章。每当打开历史的书卷，这一切便浮现而来，恍如昨日。

勉斋书院

勉斋书院始建于明嘉靖四十二年（1563年）。"勉斋"是一代大儒黄榦之号，南宋嘉泰、开禧年间，他在石门酒库工作过数年。

丰子恺先生说："走了五省，经过大小百数十个码头，才知道我的故乡石门湾，真是一个好地方。"

一路浩荡的京杭大运河，到了石门这个地方，忽然拐了一个弯，如同一篇平铺直叙的文章顿时曲折有致，又似一段轻柔舒缓的乐曲转为高亢激越，使运河之水变得意味深长。

在二千五百多年前的春秋时期，石门的一条垒石弄，穿越两个国家，南为越国，北则吴国。然而，左邻右舍都是本乡本土的人，喝着同一条河的水，吃着同一块地的饭，说着同样的方言，过着同样的生活。因此，对于老百姓而言，吴疆越界只是两国地图上的一个标注而已，尽管垒石为门，一分为二，但跨来越去都是自己的家乡。

明嘉靖四十一年（1562年），桂林府临桂县举人曾士彦出任桐乡县知县，翌年踏访石门镇。自宣德五年（1430年）析崇德东境募化、千金、保宁、清风、永新、梧桐六乡置桐乡县后，石门镇半为崇德半桐乡，由崇桐两县分辖。曾知县此行石门，在镇东之运河北岸，寻得宋代大儒黄榦遗迹，喟然叹曰："此先正过化之地也！可无表识以风四封？"

横跨运河的石门大桥 / 沈净摄

一

黄榦（1152—1221年），字直卿，号勉斋，福建闽县人，既是朱熹的弟子，又是朱熹的女婿，与同为朱熹门生的崇德人辅广并称"黄辅"。作为朱熹理学的继承人，黄榦致力于传播和推广朱子学说，清雍正二年（1724年）从祀孔庙。

黄榦初入仕途，与酒有缘，宋绍熙五年（1194年）授迪功郎，监台州户部赡军酒库；嘉泰三年（1203年）冬调任嘉兴府石门酒库监酒务。

石门酒库始立于宋建炎年间，湖北施州刺史、浙东副总兵张子修监酒务，祖籍开封的张子修来到石门后，喜欢上了这个运河穿境而过的吴越古镇，便卜居于此，筑有东园。时有镇绅迪功郎张汝昌筑西园，其曾孙即是有"神童"之称的张伯淳。张子修与张汝昌结社觞咏，极是风雅。石门镇上的张氏两园，吸引了南宋那位读万卷书、行万里路的黄岩诗人戴复古，他慕名而来，游玩了东西张园，写了一首著名的七绝《初夏游张园》："乳鸭池塘水浅深，熟梅天气半阴晴。东园载酒西园醉，摘尽枇杷一树金。"此诗后来入选到了《千家诗》，这可是古代的启蒙读物，自宋末问世以来，天下诵读者不知凡几，而东西张园成为桐邑历史上声名卓著的园林。苏州有座耦园，清光绪初年沈秉成构筑，内有"载酒堂"，悬有一副对联："东园载酒西园醉；南陌寻花北陌归。"前联取自南宋戴复古的诗句，可见影响之深远。官至两江总督的沈秉成乃湖州府归安县人，是桐乡名士严辰的妹夫。

黄榦来到了石门，当然没有名扬天下的东西张园可住，而是借居于镇上的玄真庙，白天去酒库上班，晚上栖息于庙中。

嘉泰年间的石门镇，十年九荒，满目凄凉，民不聊生。黄榦撰有一诗，以写实的手法描述了彼时景况，题曰《石门》：

> 吴越天下富，京畿游侠乡。陇亩尽膏腴，第宅皆侯王。
> 世言苏湖熟，沾丐及四方。自我来石门，触目何凄凉。
> 清晨开务门，有酒谁复尝。累累挈妻子，汲汲求糟糠。
> 父老称近年，十载常九荒。聚落成丘墟，少壮争逃亡。

  石门酒库地处运河要道。前任酒务官吏"背公徇私，见利忘义"，致使库务败坏，积欠数以万计。黄榦接手的酒库，实在是个"烂摊子"，他经过详细了解，酒库每年的本钱只二千七百贯，深感"本少息多，则造酒必薄，私酒必多，拍户必逃移，官府必亏折"。在黄榦的《通两浙赵漕使启》《石门申提领所请截留本钱札》《申两浙运司催石门库吏责办年计札子》中，可以看到他对不正之风深恶痛绝，对振兴酒务殚精竭虑。崇德县有个拍户钱福（拍户，即批发零售商），所居"地名钱林，有僧寺颇大，有居民颇众，其地阔狭几及本库地界四分之一"，其私置拍户几乎达到石门酒库的三分之一。钱福不向官库打酒，而是伙同石门酒库合干人蒋润"公造私酒"，非法获利，成为地方一霸，造成官库地界日蹙，销量日少。黄榦告官追究钱福罪责，在《申提领所乞惩治钱福》中历数其罪状，乞予惩治，在《申崇德县乞追究钱福札子》中据理力争，请逮钱福，其浩然正气跃于纸上。因为崇德县对钱福一案推三阻四，不予办理，所以黄榦大发书生意气："若贵县肯为施行，则尚可俯首趁办国库。若使如前，付之吏辈，漠然不顾，则乞径申使所，将榦对移放罢，以快钱福之意。"

  作为一个传承朱熹道统的士子，黄榦不可能也不愿意成为一个官场上圆滑的官吏，必以赤子之心激浊扬清。未知后来钱福是否伏法，

黄榦画像

邑志未载，然有记云："斡至，以官钱籴米，躬亲纤悉，历寒暑不懈，岁入裕如。"石门酒库在黄斡的经营管理下，焕然一新，销量增长，扭亏为盈。

天天面对运河的黄斡，作有《石门酒器五铭》，分别为《磨铭》《酢床铭》《陶器铭》《烧器铭》《升铭》，以物喻人，极具哲思，如《酢床铭》："责酒清易，责人清难。智者于酒，可以反观。"如《陶器铭》："一线之漏，可以败酒。一念之差，得无败所守乎？"从中亦可察其为人处世之道。

宋嘉泰四年（1204年）三月，文武双全的著名词人辛弃疾出任镇江知府，自杭州上船，从运河一路而来，行至石门湾，想起相识十余年的至交黄斡正任职于运河之畔的石门酒库，便停船靠岸，看望黄斡。

这一年，辛弃疾六十五岁，黄斡五十三岁，两人相识相知，畅所欲言。昔时圣贤孔子从事过委吏、乘田的卑微小吏，安守本职，今日满腹经纶的黄斡在石门监理酒务，尽其担当，故辛弃疾如此赞誉道："是为圣贤尝为乘田、委吏者也。"可见他对黄斡器重、惜才之心。

宋嘉泰四年（1204年）十月，朱熹弟子吴猎受命经略荆湖北路，途经石门时，拜访了黄斡。《宋史》载："时韩侂胄方谋用兵，吴猎帅湖北，将赴镇，访以兵事。斡曰：'闻议者谓今天下欲为大举深入之谋，果尔，必败。此何时而可进取哉？'"黄斡虽然在石门小镇经营酒务，但是胸怀天下，敏于时事。他是一个坚定的主战派，与大多数江南士子一样渴望收复中原，但是他反对仓促举兵北伐，正是其深思远虑之后的理性判断。后来，"开禧北伐"的进展与结局，证明了黄斡的敏锐预见。

嘉泰四年冬，黄斡因监石门酒库政绩显著，奉檄"权新市、乌青两库"，在他的悉心治理下，三库"酒政皆举"，尽显其才干。

宋开禧元年（1205年）五月，南宋抗金北伐拉开大幕。开禧二年

（1206年）春，敬重黄榦名德的吴猎，盛请其任荆湖北路安抚司激赏酒库兼准备差遣。

二

黄榦离开了石门湾，但他留下的清风正气，令后人追慕不已。

明嘉靖四十一年（1562年）曾知县寻访石门湾黄榦遗迹，镇绅曹大节（某郡推官）、沈炅（嘉定县丞）与镇上好义之士得知后，经过谋划，请建勉斋书院。曾知县欣然同意，原想在黄榦工作过的石门酒库旧址营建书院，命人往勘后，已无法得此旧地，倒是黄榦栖憩过的玄真庙西面有块空地，适宜建设书院。

嘉靖四十二年（1563年）七月，勉斋书院正式开建，一个月后落成，"书院之制，有堂有寝有门，翼以修廊，缭以周垣，其材水砖埴工力之费用，二百两有奇"（徐师曾《桐乡县石门镇新建勉斋书院碑铭》）。

徐师曾，苏州府吴江人，嘉靖三十二年（1553年）进士，明代著名学者。石门绅士曹大节等人在勉斋书院建成后，托吴江举人皇甫汾请徐师曾作铭，勒石以纪，志侯绩，怀勉斋。徐师曾简要回顾了黄榦的生平后，高度评价曾知县与石门绅士倡建勉斋书院之举："使后世仕者以先生之心为心，则殃民之政不作；儒者以先生之学为学，则斯文之望不孤。"其铭曰：

> 故宋中叶，理学宣明。谁其肇之，维周与程。接踵三公，粤有朱子。及门高第，推直卿氏。锡谥文肃，尊称勉斋。匪直当时，百代永怀。蕞尔石门，辱停官辙。官卑转速，曷究施设。仰止山斗，旷世相师。不有表扬，畴则知之。明明曾侯，寤寐先

哲。倡兹义举，以昭前烈。石门之俗，昔市而嚣。今其化矣，曾不崇朝。嗣侯者谁，是崇是茸。匪侯斯承，维令之职。

石门之宋韵，黄榦之功德，在桐乡这方土地上通过勉斋书院得以传承。

勉斋书院的具体运作，旧志无载，终结于何时，亦无从得知。

三

康熙元年（1662年），因避讳皇太极"崇德"年号，崇德县改为石门县，石门镇改玉溪镇。清咸丰元年（1851年），石门县知县张家缙在玉溪镇运河东岸倡建开文书院，按邑志记载，"前为讲堂，堂后有楼，祀宋儒黄勉斋先生"。然而，咸丰十年（1860年），开文书院毁于兵燹。

旧时，石门东高桥北堍的宋代酒库废置后，改建为黄勉斋祠，并树有石碑，面向运河，碑上楷书"宋大儒黄勉斋先生监酒处"。

清代诗人程宗堃著有《桐溪百咏》，其中一首乃是追怀勉斋先生：

乘田委吏有尼山，酒库何妨屈大贤。
寂寞祠堂秋草遍，那知洙泗是真传。

那时，祠未毁，碑仍在，只是大儒远去，荒草遍地。清代文人施钟成在《玉溪杂咏》中说："黄勉斋监税遗址向有碑记，惜为庵僧磨去。"古代的历史文物，往往以各种荒唐的、无知的方式被毁去而消失。

运河之水犹在昼夜流淌，多少风流人物在这条河上流过，或踌躇满志，或黯然神伤，或坚毅笃行，或逐梦远去……古往今来演绎无数传奇故事，帝王将相也好，才子佳人也罢，过往皆如流水。然而，无论春秋往复，寒暑易节，还是千年万载，逝如斯水，许多人注定成为后人永不磨灭的历史记忆，如宋代大儒黄勉斋先生！

分水书院

　　乾隆五十二年（1787年），青镇名贤沈启震在北栅创办了镇境首家书院——分水书院。

　　沈启震，字位东，号青斋，按邑志记载，他是"乾隆庚辰举人，登己丑中正榜"，时任山东运河兵备道，护理东河总督。他的父亲沈廷光，诸生，坐馆吴中。母亲孔继瑛，字瑶圃，是孔子第六十九世女孙，也是青镇孔氏闺阁诗群中的代表人物，工骈体文，写传奇，擅书画、操琴，可谓多才多艺。因丈夫远游，家境贫困，孔继瑛既课子读书，又率婢纺织，所作诗句"窗下看儿谈鲁论，灯前教婢拣吴棉"，即是其日常生活的写照。青镇孔家，作为孔氏南宗一支，名门望族，人才辈出。青镇孔家的女性自幼亦受到良好的教育，其见识与才华非寻常女子可比。沈启震自小秉承母训，入仕后清廉守正，每至一地为官，皆手植梅花，以喻其志。邑人陆以湉在《冷庐杂识》中记有一事，沈启震出任山东运河道时，母亲孔继瑛特别告诫儿子："毋虑不足而多取一钱，毋恃有余而多用一钱。"家教之严，可窥一斑。沈启震因父亲英年早逝，对母亲特别孝顺，"板舆就养"，把她接到山东一起生活。乾隆五十一年（1786年），孔继瑛去世，沈启震"奉讳归里"，居丧守制。

旧时乌镇是一个非常有意思的地方。以车溪（市河）为界，西为乌镇，湖州府乌程县辖；东则青镇，嘉兴府桐乡县辖。乌青两镇，处在两省三府七县接壤之地，可谓浙北要冲，因此人口稠密，市井繁华。明嘉靖十七年（1538年），湖州府归安县人、原任广东按察使司副使施儒在《请分立县治疏》如是写道："本镇地厚土沃，风气凝结，居民不下四五千家，丛塔宫观，周布森列，桥梁阛阓，不烦改拓，宛然府城气象。"虽然朝廷最终没有准奏，乌青两镇未能升级为县治，然其地富庶、簪缨世家、人文荟萃。

其镇北栅外，车溪、澜溪和横泾港交汇处，宋时有孤墩，设有罗星，是为航道标识。明代名士李乐在《新建分水墩记》中写道："镇北分垒之崎，有孤屿屹立中流，水至此而萦回旋绕焉，名曰'分水'，其意深远矣。"元季毁于兵燹，墩址湮没。至明万历年间，添设同知罗斗重筑分水墩，于万历七年（1579年）十月动工，万历九年（1581年）六月落成，巍然而为中流砥柱。墩基之上是三层六角形阁楼，因第三层供有文昌神像，故名"文昌阁"。分水墩左有太师桥，通往对岸便是江苏地界，右有三元阁，阁前有殿，然因年久失修，阁存殿圮。

沈启震居家期间，镇人因议社学久废，图谋复之。热心乡里教育的沈启震带头举事，慷慨解囊；囊中金尽，则典其田，质其宅，共捐银二千五百多两。乌青两镇绅士踊跃捐助，乌程、桐乡两县官宦共襄其事，择址于三元阁前，清除旧殿之残垣断壁、荒榛腐草，创建大门五间，讲堂五间，左右耳房是楼房，后楼五间。数月间，三元阁前一座全新的书院竣工了，因地处分水墩，故名"分水书院"。时任湖州府知府雷轮撰成《新建分水书院记》，述其始末。

太师桥与分水墩

天锡名山储二酉；人登杰阁兆三元。

　　这是分水书院落成后，沈启震为三元阁所题之联。"二酉"指丰富的藏书；而"三元"，即乡试解元、会试会元、殿试状元。连中三元是天下学子的最大梦想，这是沈启震对家乡后学的激励与期待。

　　乾隆五十四年（1789年），福建闽县举人郭文志出知桐乡，为分水书院捐置课桌、凳二十副。

　　次年，即乾隆五十五年（1790年），八月十三日是乾隆皇帝八十岁生日，自朝廷而至各省官员、豪商巨贾，纷纷捐银献宝，各国使臣亦进京贺寿。自七月初七至八月二十一日，由承德避暑山庄而圆明园，至紫禁城，前后一个半月的寿辰典礼，使"万寿盛典"登峰造极。

　　而这一年，青镇人沈启震正奔波在山东运河道任上，应是他丁忧期满后，官复了原职。时年七月，山东运河进入汛期，"济南、东昌等府属，因雨水过多，田禾被淹者共计四十一州县"。沈启震在奏报中称，卫河水涨，冲决民堤，他建议立刻修筑："现亦加料抢镶追压，月内即可赶筑完固。"（《清高宗实录》）体现了一位水利专家的专业素质与责任担当。后来，熟稔河务的沈启震调任江南河库道，加按察使衔。

　　乾隆五十七年（1792年），德清人徐以坤捐膏火田三十亩，助力分水书院的教育。徐以坤，字含章，号茗花，乾隆三十三年（1768年）举人，他的夫人汪璘是乌镇人。乾隆三十八年（1773年）启动编纂《四库全书》后，经正总裁于敏中、程景伊这两位大学士的推荐，徐以坤"以原官充武英殿总校，先派文源阁书"，他对校勘工作十分细致，"经邸中宾友阅定，必恭亲浏览，披阅数四"（《国子监博士充四库全书总校官议叙主事茗花徐君暨配汪朱两恭人墓志铭》），纵然谨慎如此，亦难免失误。乾隆五十七年五月，《四库全书》业已编就，总纂官纪昀遵旨赴文渊、文源两阁覆勘书籍，发现许多讹错，徐以坤等十七员犹被"罚令勘书"。因此，如今看到《四库全书》中的"主事衔臣徐以坤覆校""详校官主事臣徐以坤，内阁中书臣吴镶覆勘"等署名字样，隐藏其中的万千艰辛，只有他们自己知道。

二

嘉庆三年（1798年），关注家乡分水书院的沈启震，因书院经费匮乏，捐钱一千串，存典生息，以资膏火，并与杭嘉湖道秦瀛相谋划，以便书院正常运转。秦瀛，字凌沧，号遂庵，江苏无锡人。当时，他与桐乡知县李廷辉、乌程县知县巩懿修、归安县知县王蕴渠各捐俸禄，聘请平湖人徐志鼎为分水书院山长。

徐志鼎，字调元，号春田，乾隆四十年（1775年）进士，官四川南溪知县，一年后因发生盗案而落职，主持四川东川书院。归里后，乾隆四十四年（1779年），执教于观海书院，并参与纂修《平湖县志》。乾隆皇帝八十大寿时，徐志鼎入京祝釐，赏复原衔。徐志鼎应聘来任分水书院山长后，赋有《青墩杂兴》四首，其中有"东风不可恼，能绿溪上柳。遥山忽苍翠，如挟飞云走"等句，看得出来他的心情还是十分愉悦的。

嘉庆年间，分水书院始祀桐邑大儒杨园先生。李廷辉时任桐乡县知县。李廷辉，字立山，安徽合肥人，乾隆五十八年（1793年）初知桐乡后，与梧桐之乡结下了不解之缘。从乾隆到嘉庆，六知桐乡，凡十年有余，知乡情，多惠政，深受士民爱戴。李知县私淑杨园先生，不仅创修杨园村旧祠，还制栗主，选吉日，祀于分水书院。在《祀张杨园先生于分水书院碑记》中，他如是写道："廷辉既捐俸，为修墓立石，复岁捐十金，供春秋祀事，并以告后之宰斯邑者。"其情真

乌镇古镇俯瞰／沈净摄

切，其辞诚恳。李知县主持纂修的《桐乡县志》（十二卷），于嘉庆四年（1799年）付梓印行。嘉庆八年（1803年），署任知县张飏接替李廷辉之职，李知县就此告别了他倾注了无限深情的桐乡县。

道光二十三年（1843年），乌青两镇绅士陆瀚等人呈请桐乡县署重修分水书院。那时，第一次鸦片战争已经结束，英国、法国等列强对东方帝国巧取豪夺，随着《南京条约》等一系列条约的签订，丧权辱国的晚清政府，自此内忧外患，走向沉沦。

分水书院自乾隆五十二年（1787年）创建，既有德清举人徐以坤捐膏火田三十亩，又有山东运河兵备道台沈启震及里人醵金以助，存典生息钱有两万多，完全可以满足书院的日常开支。然而，时移势易，官府因公挪移，"膏火田斥去，存本亦日渐侵剥"，朱其镇在《重修分水书院记》中如是写道。道光十年（1830年），分水书院因经理不善，遇上一场诉讼，便一直停课。十多年间，因无人打理，书院房屋倾圮，财物化为乌有。

时任桐乡县知县杨茂淳，是江西举人，他十分重视陆瀚等绅士的呈请，推举青镇人马斯仁等人为董事，重修分水书院。马斯仁，字贯行，号静峰，监生。他为人慷慨好施，喜交名士。

马斯仁与乌青两镇绅士一起募资，购材，招工，于道光二十四年（1844年）五月初八日，开工重修分水书院，至十一月初七日告竣，凡大门、堂庑、楼房、庖湢等，皆复旧制。书院原有桑地约一亩，新置五亩多地，以供管院工食地，并新置桌凳及相关器具，"统计工费钱一千千有奇，除旧存典息四百十二千有奇，皆诸绅士捐助"（朱其镇《重修分水书院记》）。嘉兴人朱其镇，字九山，道光九年（1829年）进士，授翰林院编修，母亲来自青镇孔家，他儿时常来外婆家游玩，应表弟孔宪宗之请而撰成此记。孔宪宗，字雅六，廪贡生，入仕而不得志，晚年致力于搜辑乌青文献，编就《双溪文汇诗汇》。

重修后的分水书院，聘请本邑名士陆以湉担任山长。

陆以湉，字敬安，号定圃，乌镇人，道光十二年（1832年）举人，道光十六年（1836年）进士，历任台州府教授、杭州府教授，先后掌教于分水书院、台州近圣书院及杭州紫阳书院。陆以湉通文学，擅医术，有《冷庐杂识》《冷庐医话》等多种著作。

十六年之后的咸丰十年（1860年），外有英法联军侵入北京，火烧圆明园，内有太平军席卷江南大地，进驻乌青两镇。其后，分水书院毁于战火。

《光绪桐乡县志》收有分水书院历任山长名录，除了徐志鼎、陆以湉以外，还有李绳等七位山长。

李绳，字勉伯，号耘圃，江苏长洲县举人，官江西乐平县知县。著有《耘圃诗钞》，主讲分水书院岁月无考。他赋有《分水书院即事》四诗，中有诗句曰："小住营薪米，高歌对简编。此间堪毓秀，有兆启名贤。"

沈焯，字平远，号鹿坪，归安县人，家居练市镇。乾隆六十年（1795年）进士，以归班知县改就教职，历仙居教谕、台州教授等职。嘉庆二十四年（1819年）引疾归里，馆于青镇严氏。严家为青镇巨富，拥有四家典当的严大烈在沈启震发起筹建分水书院时，慨然捐银五百两。沈焯坐馆时，教授的学生是严大烈的孙子严廷钰，他以县学贡生"五试秋闱，屡荐不中"。道光年间，严廷钰纳粟入仕，以同知分发云南，为官二十多年，颇具政声。沈焯坐馆严家期间或此后，主讲于分水书院，乌镇名士陆以湉系其学生。

冯鸣盛，字箧园，嘉庆二十三年（1818年）举人，乌程县人。按邑志载其主讲在道光七年以后，约四五年。

朱珊元，嘉兴县人。道光十二年（1832）进士，在其登科及第后，在分水书院主讲约四五年。

曹泰，字六桥，桐乡县人。道光元年（1821年）举人，主讲在道光二十年后，约三四年。

徐保字，字颉书，号沅舻，归安县人。嘉庆十三年（1808年）举人，官至甘肃平凉府知府，主讲在道咸之际。

李日燨，字鹤杉，青镇人。明代李乐之族孙，博学强记，学问渊博。道光十五年（1835年）举人，"公车进京，士大夫以宿学推之"，然春闱屡荐不售，以"大挑"就教职，授寿昌县训导，升衢州府教授，主讲在咸丰年间。

同治四年（1865年）后，严廷钰次子严辰等人议复分水书院，因北栅民居已毁为白地，分水书院倾圮于荒草中，故择址于观前街重建书院，为立志书院。光绪十二年（1886年），镇绅徐书在西栅官人桥塌开设书院，沿用"分水书院"之名。

分水书院历经兴衰，蕴含了多少期待，流传了多少动人的故事……尽管分水书院今已风流云散，分水墩亦消失于无影，然其蕴集之古镇文脉，依然如双溪之水滔滔不绝，源远流长。

桐溪书院

自明宣德五年（1430年）析置桐乡后，县城向无书院。至崇祯十四年（1641年），县城兴建正心书院，位置在惠云寺西南，门房五间，厅房五间，后楼五间。那一年正月，李自成起义军攻陷古都洛阳，擒杀福王朱常洵；三年之后攻入北京，崇祯皇帝自缢，明朝灭亡，不久清兵入关。明清鼎革之际，时世纷乱，正心书院亦即废罢。

清同治三年（1864年），桐乡境内的太平军被镇压，有一位陈姓人氏被控在太平天国时期担任伪职，罚捐洋一千五百元。县城里有身份地位的人士为了创建书院，便禀请知县王联元拨此罚洋助建书院。王联元，江苏江都人，监生。按邑志记载，他出知桐乡仅一年，但其批准的这笔款项，催生了桐乡县城的桐溪书院。

城中绅董以一千元购买了一所于姓大屋，改建书院，共有四进，第一进是大门，皆只三间，旁有小巷；第二进是讲堂；第三进为七间楼房，东西有屋六楹，庭院甚是宽敞；第四进有楼屋五间，腐朽不堪，当时予以拆除。那位被罚捐的陈氏向书院缴了二十四亩田地，抵捐五百元，充为书院之院产。

同治六年（1867年），时任桐乡县知县富拉浑，以丝业行每洋提捐四文，充作桐溪书院经费，屠甸、濮院两镇的丝捐，也提充书院经费。其后，屠甸镇丝行歇业，濮院镇创建翔云书院，其丝捐改由本镇

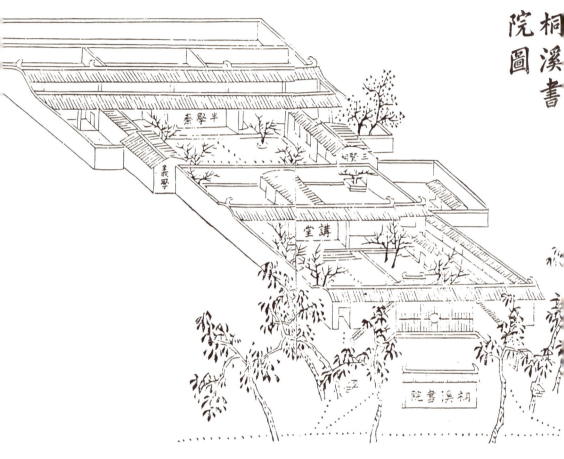

桐溪书院图（《光绪桐乡县志》）

提用。桐溪书院的经费由立志丝捐提款津贴，县署还以丁漕两项票余钱提充生员膏火之资。

富拉浑是满族人，于同治四年知桐乡事，《光绪桐乡县志·官师志》上注有"荆州驻防满洲翻译生员"，宰邑五年。浙江巡抚杨昌濬于同治十年二月奏称"桐乡县知县富拉浑，貌似有才，心实浮滑"（《清实录》），后降补为县丞。然而，今天的桐乡槜李，应该要感谢知县富拉浑。那时，城南乡间种植槜李，嘉兴乡间的槜李也在城中出售。有一次，富拉浑品尝到了香如醴、甘似蜜的槜李，十分喜欢，便以此馈赠上官，夸说这是桐乡槜李。那些高官都道好吃，"从此每届果熟之时，遂成例馈"，桐乡槜李的名声，就这样在同治年间的官场上打造出来了。

桐溪书院一切就绪后，延师课士。首任山长为严辰，字缁生，号达叟，青镇人，道光二十三年（1843年）举人，咸丰九年（1859年）进士，授翰林院庶吉士，三年后获任刑部主事，于同治三年辞归乡里。回到故乡的严辰，热心桐邑事务，尤其以复兴桐乡文化、教育为己任，奔波筹划，殚精竭虑。

于同治六年分别获任立志书院、桐溪书院山长的严辰，往来于县城与青镇，开课主讲。

同治十年（1871年），山长严辰与桐乡县知县戴枚商量后，改造桐溪书院后院，西三楹辟为义塾，东三楹为三贤堂，供奉张履祥、冯景夏、俞长城三位乡贤栗主，撰成《桐乡县桐溪书院三贤堂记》，刊置于堂壁，铭记三贤事迹。

那一年，杨园先生从祀孔庙之奏请，正在朝廷议核中。远在桐乡的严辰未卜其结果，因此颇有不平之意："如本朝汤文正公、陆清献公从祀庙廷，犹假位以显其学，先生则无之，而名与二子相埒，可谓真理学矣。"时年十二月十七日，朝廷"准以先儒张履祥从祀文庙，其位次在东庑先儒孙奇逢之次"。京城除夕前的圣旨，于次年春传达到桐乡，士民无不欢欣。作为同治初浙江十六位绅士发起人之一的严辰，至此落下了一桩心事。

冯景夏，伯阳先生，其创制的"冯斛"，德于百姓，利于天下，"直如汤盘孔鼎，名与俱留，可谓真经济也"。

俞长城，宁世先生，康熙二十四年（1685年）进士；他的父亲俞之炎，顺治十五年（1658年）进士；他的兄长俞长策，康熙四十五年（1706年）进士。父子三进士，皆入翰林院，桐邑唯此一家。俞长城无意仕进，以疾乞归，寓居扬州，在清贫的生活中，专心著述，其《可仪堂一百二十名家制义》，对八股文制艺流变"穷极源流"，既知人论世，又具有重要的学术价值。严辰特别推崇俞长城所言："古人重科名而轻爵位，重科名所以验其学，轻爵位所以励其守。"因此，他认为："先生固得力于此数语，可谓真文章矣。"

"真理学"张履祥，"真经济"冯景夏，"真文章"俞长城，此"三真"，为严辰心目中之"三贤"，从中亦可见严辰主讲书院之思想要义。他为三贤堂题联曰：

> 立德立功立言，小邑竟传三不朽；
> 曰庠曰校曰序，瓣香愿祝万斯年。

桐乡县知县戴枚亦为三贤堂题联：

> 德行政事文学，四科得其三，总是圣门传派；
> 名儒循吏才人，千秋能有几，岂徒乡里典型。

每逢春秋仲月，县邑官绅率肄业生童到桐溪书院致祭三贤。《桐

严辰（右）与孙子严善坊合影

乡县桐溪书院祭三贤堂祝文》由山长严辰撰写，"谓性谓道谓教，虽匹夫亦可以知；立德立功立言，惟先哲能成其不朽"。

严辰主讲桐溪书院，自同治六年，至光绪二年（1876年），历时十年。在这十年间，他对书院建设倾注了心血，对桐邑后学充满了期待，如他所题的讲堂联："创兴讲舍，俎豆三贤，闾里有先型，愿与诸生同效法；僻在乡隅，弦歌四境，胶庠多后起，总由长吏善陶成。"题内堂额为"半学斋"，取自《尚书·说命下》之"惟教学半"，寓意半教半学，教学相长。

知县戴枚是江苏丹徒附贡生，出知桐邑两年，崇文重教，县学、书院并举，他题桐溪书院讲堂曰"敷文堂"，并题联："结两年文字因缘，桃李已成荫，战艺难忘辛苦地；看一邑科名蔚起，梧桐方毓秀，出群定有栋梁材。"那时他将辞别桐乡，深怀情感于联中，并祝愿梧桐之乡人才辈出。

光绪三年（1877年），严辰举荐炉头镇人沈善登任山长。沈善登，字毂成，同治七年（1867年）成进士，授翰林院庶吉士，决意弃仕，隐逸于苏州，读书著述，游学访友，专治易学，颇有所得。严辰结束桐溪书院山长工作时，赋有《题桐溪书院诗八绝》，回顾了十载主讲生涯，并说："余主桐溪讲席十年，让与沈毂成太史，知其学问经济足为师表也。"

光绪二十七年（1901年），桐溪书院以策论课士。劳乃宣在《韧叟自订年谱》中记述："邑方雨亭君聘以主课，寄卷评阅。"

时任桐乡县知县的方雨亭，乃福建福州人方家澍，光绪十八年（1892年）进士，善书画，尤擅山水。他的侄子方声洞，是黄花岗七十二烈士之一。

劳乃宣，字季瑄，号玉初，别署矩斋，晚号韧叟，乃青镇名贤，他于同治十年（1871年）金榜题名，以进士入仕，是中国近代音韵学家，晚清著名教育家。光绪二十七年冬，居杭休养的劳乃宣应浙江巡抚任道镕聘请，出任求是大学堂（浙江大学前身）总理（校长）。劳乃宣主课桐溪书院，对家乡学子悉心栽培，如濮院刘富槐、朱辛彝、青镇卢学溥等皆受其教诲，成为乡里俊贤。至光绪三十一年（1905年）科举停罢，劳乃宣才结束了家乡的这份教育工作。

在晚清的教育界，劳乃宣可谓是一个传奇人物，他奉直隶总督王文韶之命，在保定创办畿辅大学堂并任学长；出任过著名实业家盛宣怀创办的南洋公学（上海交通大学前身）总理；宣统三年（1911年）十一月，任京师大学堂（北京大学前身）总监督，兼署学部副大臣，代理大臣之职。次年即民国元年，劳乃宣先后避居于河北、山东等地。

劳乃宣对家乡是充满感情的。光绪二十八年（1902年），他在桐乡县城南门内宏远桥购得一处住宅，谓"学稼堂"，他在《归来吟》中写道：

愧无三径辟蒿莱，陶令空歌归去来。
流水抱城桑绕郭，梧桐乡里客舟回。

光绪二十九年（1903年），桐溪书院改办为桐乡县立高等小学堂，屠甸人陈鸿畴任堂长，知县方家澍亲书匾额"树德务滋"以祝贺。

陈鸿畴，字客舟，光绪五年（1879年）举人，时与镇绅毕士颖（屠甸首位举人毕槐的儿子）等人发起兴复白社书院。宋末元初，正节先生卫富益在石人泾隐逸讲学，创白社书院（一名白莲书社）。陈鸿畴、毕士颖等人重建白社书院，择地于石泾塘南岸，购屋改造，大门、厢房、讲堂等皆备，供奉卫富益先生栗主。光绪十一年（1885年），江苏丹阳举人束允泰知桐乡县事，为白社书院题匾"崇道堂"，题联："此间是正节故乡，自从金盖移居，谁继高风开讲舍；

斯文当中兴景运，喜见绛帷新敞，要求实学绍儒宗。"严辰先生亦为书院题联："地运殆将开，用俎豆化干戈，此地弦歌特盛；人心犹不泯，要文章根理学，何人坛席堪登。"

在清末废科举、兴学堂的时代浪潮中，开办不到四十年的桐溪书院由传统教育转型为新式教育，以另一种方式继续承担教书育人的使命，历经变迁之后，今为桐乡市实验小学教育集团之北港小学。

立志书院

清同治四年（1865年）正月，青镇名士严辰与镇绅萧仪斌、沈宝樾前往杭州，谒见浙江巡抚马新贻。严辰请求在桐乡县开设县城、青镇两处善后局，统一办理全县的公事善举，并荐萧仪斌、沈宝樾襄理局务，得到马巡抚批准。桐乡县善后局成立后，众议重建青镇分水书院，去北栅察看了现场，只见"北栅民居皆已毁为白地，故址势难复建"，只得另寻他处。

其时，乌镇同知杨道洽查封了一处位于青镇观前街的房产，原属清军一位低阶武官，姓项，投降于太平军，购买了这方地基，大兴土木，前后已架楼屋十楹。清军克复桐乡县时，项氏畏罪远遁。严辰与萧仪斌、沈宝樾等向上级官府申请将此宅院作为开办书院之用，获准。又请拨款，创建讲堂三楹，旁有厢楼一间，后楼四间，庖湢皆具。前后十楹楼房，除书院门房外，左右楼屋全部对外出租，以供义塾束脩及膳食支出。书院的经费，则取自于乌青镇丝业行，每洋抽捐四文。

同治七年（1868年）秋，书院落成。昔日乾隆皇帝巡阅贡院，赋诗四首，其中有诗句"志贤圣志应须立，言孔孟言大是难"，因以为联，恭悬于贡院讲堂。严辰服膺杨园先生，取其治学格言"大凡为学，先须立志"，故以"立志"命名书院。同时，严辰被聘请为立志

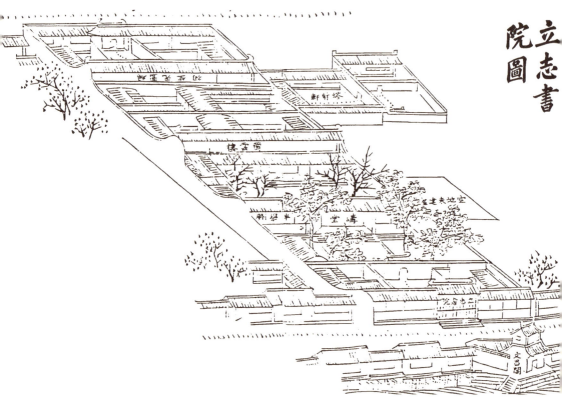

立志书院图（《光绪桐乡县志》）

书院首任山长。

立志书院延续分水书院旧规，供奉杨园先生栗主。春秋两祭，请桐乡县知县前来致祭。同治八年（1869年），征战陕甘的钦差大臣左宗棠捐廉于立志书院，浙江巡抚杨昌濬拨款，在书院后院创建杨园祠，祠门向北，中与院屋相通。

晚清著名学者俞樾，既作《立志书院记》《杨园祠记》，又题杨园祠联：

> 小邑溯遗踪，辅黄早已为先导；
> 圣朝隆祔祀，汤陆还应让后来。

同治十年（1871年），山长严辰请款创建文昌阁于书院门前、河埠之上。

浙江巡抚杨昌濬为立志书院讲堂题额"有志竟成"，并题联曰：

> 历观文圃，泛览词林，此地读书寻旧躅；
> 伏处蓬茅，系怀民物，几人学道继前贤。

俞樾为书院讲堂题联：

> 分水旧规模，但愿闻风皆立志；
> 夌山钟秀杰，定知异日有成材。

严辰所题后楼之"籋云楼"三字，亦由俞樾书以榜之。

俞樾，字荫甫，自号曲园居士，德清人，道光三十年（1850年）进士，入翰林院。咸丰五年（1855）出任河南学政。两年后，俞樾因为乡试出题怪异，御史劾其"试题割裂经义"，咸丰皇帝诏命革去学政，遣回原籍，永不叙用。俞樾回到江南，赁居于姑苏，潜心治学，杜门著述，"闭户曾穷皓首经"。笔者有一年去苏州，在安静雅致的曲园春在堂，遥想咸丰七年的俞樾先生，仕途之门已经关闭，另一扇门打开了，文学、经学、古文字学、书法……可谓涉猎广泛，学识渊博，乃一代通儒。以课徒授教为生的俞樾，"门秀三千士，名高四百州"，如民主革命家、著名学者章太炎，清末"海派四大家"之一的艺术大师吴昌硕，日本汉学家井上陈政，皆出自俞樾门下。

严辰生于道光二年（1822年）八月，俞樾生于道光元年（1821年）十二月，两人都是由举人而进士，且皆仕途不得志，流于民间。严辰在家乡嘉惠后学，为民请命，"知无不为，为无不力"。他视年长八个多月的俞樾为前辈，"时有所作，辄往就正"。作为当世名士，俞樾与严辰相知相惜，引为知交。

光绪十三年（1887年），严辰积十年之功，独力纂修了一部《光绪桐乡县志》。时年六月，俞樾题写志名"光绪桐乡县志"六字，方正端庄，古朴厚重。光绪十五年（1889年）秋，严辰赴苏州就医，借居养病于妹夫沈氏耦园，往曲园向俞樾请序。俞樾通读其志，回复了一封信，赞其"体大而义精，文详而事核，洵必传之书也"，并提出数处修改意见。因全志已付梓刻就，剜改实难，严辰将俞樾之信全文刊于"凡例"前，以供后来续修者改正。俞樾此信，开头称呼严辰"芝僧先生仁兄年大人阁下"，结尾则署"年愚弟俞樾"，可见曲园先生之温良恭谦，又可察其与严辰之密切关系。

古人之交往，如立志书院文昌阁前的车溪一般水流清澈，一百多年过去了，高雅之风依然拂面而来。

在清同治与光绪年间，严辰奔波操劳在桐邑教育界，同治六年（1867年）至光绪二年（1876年），主讲于桐溪书院；同治七年

立志书院 / 徐建荣摄

（1868年）至光绪九年（1883年），主讲于立志书院；同治十一年（1872年）至同治十三年（1874年），主讲于翔云书院。为了纂修邑志，他先后辞去翔云书院、桐溪书院讲席，在修志的同时，继续主讲立志书院。

按严辰写于立志书院的《光绪桐乡县志·序》，修志历五六年时间。在光绪八年时，这部志书已初略编就。光绪九年（1883年），严辰辞去立志书院主讲之职，于四月陪侍母亲前往苏州治病，并专注于县志的编纂。是年八月，严辰母亲病逝。次年，严辰及眷属移居上海，修志不辍。光绪十二年（1886年），严辰回到青镇，突患耳疾，六十五岁后的他开始疾病缠身。那时，他请人绘成《立志书院图》入编邑志，触景生情而吟《题立志书院》诗八绝，其中一绝是："例沿分水祀杨园，十六年来祀典存。却愧而今成旷废，定知后世有公评。"诗后有注："自癸未离园后，祀典遂废。新刻《杨园渊源录》。"癸未，即光绪九年，自严辰离开立志书院后，延续十六年之久的杨园祀典随即废止，这让他甚为伤感，幸好在志中编有《杨园渊源录》，"定知后世有公评"。光绪十三年端午后三天，严辰在《光绪桐乡县志·后序》中如是写道："葬亲事毕，修志功成，吾愿了矣。"

光绪十九年（1893年），严辰赴皖求医，病逝于安庆，享年七十二岁。

立志书院自山长严辰去职后，青镇人卢景昌出任山长，具体任职时间不详。卢景昌，字子繁，号小菊，攻读于立志书院，为严辰学生，同治十二年（1873年）考中举人。严辰赞其"品既端谨，性复恬退，文则功侯甚深"，特聘卢景昌为立志书院斋长，管理院事。因此，山长之职于卢景昌，最是合适的人选。

光绪二十八年（1902年），立志书院改办为乌青镇国民初等男学堂（俗称立志小学）。光绪三十年（1904年），卢景昌的孙子卢学溥担任立志小学校长。卢学溥，字鉴泉，又字涧泉，光绪二十八年举人。就在光绪三十年，立志小学正式招生开学，卢学溥的表侄沈德鸿成为首批学生之一，沈家与立志小学仅一墙之隔。光绪三十三年（1907年），沈德鸿升至乌青镇高等小学（民国时期更名为乌青镇植材高等小学）求学，而他七岁的弟弟沈德济则入学于立志小学。次年，卢学溥主持乌镇各校的童生会考，出题是《试论富国强兵之道》，沈德鸿发挥作文特长，挥笔写了一篇四百多字的议论文，抒发自己的宏大抱负，最后以"大丈夫当以天下为己任"结尾，卢学溥读到后，大加赞赏，写下批语："十二岁小儿，能作此语，莫谓祖国无人也。"

1921年，中国共产党创建时，全国只有五十八名党员，嘉兴有两人，都来自桐乡的青镇，他们就是求学于立志小学的沈德鸿、沈德济两位兄弟。

沈德鸿，字雁冰，笔名茅盾，他是现代新文化运动的先驱者，革命文艺的重要奠基人，创作了大量的文学作品，如《子夜》《蚀》《霜叶红似二月花》《春蚕》《林家铺子》《白杨礼赞》等经典小说与散文。作为一代文学巨匠，他先后当选为中华全国文学艺术工作者联合会（1953年更名为中国文学艺术界联合会）副主席、中华全国文学工作者协会（1953年更名为中国作家协会）主席，并出任新中国第一任文化部部长。

沈德济，字泽民，倡导革命文艺，投身革命事业。1931年1月，在中国共产党六届四中全会上当选为中共中央委员，之后担任中共中央宣传部部长。是年3月，沈泽民被任命为中共中央鄂豫皖分局书记，与夫人张琴秋秘密奔赴苏区，担任鄂豫皖省委书记等职。1933年11月20日，沈泽民牺牲于艰苦卓绝的革命根据地，年仅三十三岁。

如今的立志书院旧址，是乌镇观前街茅盾纪念馆的一部分，在这里可以看到茅盾先生走过的道路。临街入门，左右题有柱联："先立乎其大，有志者竟成。"

当年，严辰先生以"立志"名其书院，寄托了他对家乡后学的深切期望。乌青两镇人才辈出，茅盾、沈泽民、孔另境、汤国梨、王会悟、严独鹤、木心等都是杰出的代表，灿若繁星，闪耀在现当代中国历史的天空。

有志者，事竟成。古往今来，莫不如此。

一

　　同治年间，濮院名士沈梓与镇上绅士发起创办了翔云书院。"君开书院榜翔云"，这是时任嘉兴知府许瑶光所写的诗句。

　　沈梓（1830—1885年），字桑与，号北山，又号梦蛟，晚号退庵居士。他出生于濮院镇坝底头的书香门第"红药山房"，其高祖沈廷瑞（1712—1787年）著有《东畲杂记》，所记皆为濮院昔时风土人文、遗闻轶事。他父亲沈涛（1800—1854年）著有《幽湖百咏》，这是具有濮川风情的大型组诗。沈梓写于庚申之乱中的《避寇日记》，是研究太平天国历史的重要著作，成为嘉兴图书馆的镇馆之宝。

　　同治四年（1865年），沈梓获补行咸丰十一年（1861年）拔贡，同年考取八旗官学教习、武英殿校录，授内阁中书。因为母亲年老，疏请归里以奉养，并以教授子弟为业，"门下士甚盛，教人先器识，后文艺"（民国《濮院志》），一派传统士子的风范。

　　北枕运河的濮院镇，地理位置十分独特，桐乡、秀水、嘉兴三县错壤交辖。自宋元以来，镇以濮绸独领风骚，"烟火万家，民多织作"，日出万绸，万商云集，奠定了江南织造名镇的地位，成为"嘉禾一巨镇"。经济的繁荣带动了文化、教育等各项社会事业的全面发展。

濮院古镇·隅／沈净摄

雍正二年（1724年），秀水县知县程世恂前来濮院，与镇中绅士商议并捐款，择地于梅泾东隅佘家桥左，旧有长生庵遗址，改建为梅泾书院（又称"梅泾义学"）。按雍正四年（1726年）举人方学沆所撰之碑记，院内五楹，供奉宋代五位先贤神主：周敦颐（濂溪）、程颢（明道）、程颐（伊川）、张载（横渠）及朱熹（紫阳）；后有大厦五楹，旁则厢楼各三间，为师徒讲诵之处；外有七楹，乃厨灶、看守之所。院前流水，四周清幽，是一处远离喧嚣的读书胜地。时有余姚名士陈梓隐居于镇中定泉桥畔，他既是私淑杨园先生的理学家，又是著名的诗人、书法家，撰有《梅泾书院记》，其中如是写道：

> 梅泾地界三邑，距杨园张先生居不下三十里，先生实私淑宋五子而克养自得者。自良知之说炽而五子之学晦，先生辞而辟之，道以不坠，厥功伟焉。吾党之士，将并请于侯，以先生配享五子，使子弟之肄业于院者，由杨园而溯五子，由五子而溯孔孟，切磋砥砺，期于大成。

梅泾书院毁于何时，旧志无载。清初至道光年间，邑人考中进士六名，举人五十名，其中乾隆三十六年（1771年），忻溥、陈徵馀、项焜、周京、归敦五位濮院学子同时中举，是为阖镇盛事。

自晚清开始，濮绸产业走向衰弱，尤其是"庚申之变"后，濮院经济无法重拾辉煌，而且文风渐衰，士气不振。乾隆晚期，历嘉庆、道光、咸丰，至同治九年，八十年间无进士；道光二十年后至同治九年，三十年中无举人。当时濮院的世家大族只知舍家供佛、修桥筑路，以修来生之福。

这种状况，使沈梓十分忧虑，他认为必须"振兴文教，敦饬士品"，便与濮镇董煜、夏清泰、仲濂、仲浚、朱成勋、沈桐、沈福崇、岳昭垲、岳树音、岳廷振、邹锡祚等绅耆一起商议，筹款创设翔云书院。时为同治九年（1870年），沈梓四十一岁。

濮院镇向有翔云义塾，自清初以来，屡兴屡废，共有五次，且久废不置。因为从前的翔云义塾、梅泾书院都是民间创设的，所以兴与废都在投资人一念之间。而沈梓等人筹款创办翔云书院，为了确保"非民间所能私自废置"，必须获得官府立案支持。他在《请创建翔云书院通详立案文》中明确表示，翔云观西之惜字公所旧址改为翔云书院，办学经费自行筹办，"每年二月上旬，请府宪主课　次；四月、八月，请秀邑主课；六月、十月，请桐邑主课，各二次，余归山长主课。"其后，翔云书院"官课续经禀准，三月、七月，请嘉邑主课。"嘉兴府知府与秀水、桐乡、嘉兴三县的知县都定期前来翔云书院讲课，这既是翔云书院组织架构与规范运行的有力保障，又是对濮院学子的莫大激励。

同治十一年（1872年），创建在秀界翔云坊的翔云书院落成。在因咸同兵燹毁为空地的惜字公所地基上，先筑起门楼一座，平厅五楹。嘉兴知府许瑶光题"敬业"两字为堂额，桐乡名士严辰题联：

> 教士重躬行，岂独会文追聚桂；
> 储才为国用，相看联步共翔云。

沈梓亦题联曰：

> 聚桂仰先型，有铁崖名师，潜溪益友；
> 翔云拓新址，当爻山南拱，秀水东来。

严辰与沈梓的题联中写到的"聚桂"，是元至正十年（1350年）

春天执掌濮氏家业的濮允中发起的"聚桂文会"。东南文士以文卷赴会者五百余人，坐馆濮家桐香室的文坛领袖杨维桢任主评裁，并撰有《聚桂文集序》。这场规模宏大的文学盛会，向为后世文人所追怀。

二

同治十一年（1872年），翔云书院延师课士，是濮院镇教育史上的一件大事。

嘉兴知府许瑶光是一位极具文人情怀的贤太守，对翔云书院寄予厚望。当他看到翔云书院"经度之始，支绌颇甚"，便以陆续查出的充公房产，共有十四所，拨为院产。又请拨濮镇丝捐，使其"经费既裕，膏火有资，发箧陈书，断断如也"。

翔云书院一边开课，一边建设，在光绪年间相继建成第三进至第六进，每进皆为五间，不断完善。

观前街之翔云书院，前临庙桥河——这是秀、桐两县分界处。河南为桐乡县，河北则秀水县。书院左有翔云观——原名玄明观，唐朝之后五代时期，悟法师始创。元至大年间（1308—1311年），玄明观损毁不堪，濮镇富绅濮鉴分宅之左偏出资重建，筑有山门与真武大殿。元统三年（1335年），濮鉴之子濮允中在真武大殿后建起三清阁。玄明观后院，以奇石垒成山峰，高二十余尺，层岩叠嶂，峃峭玲珑，宛若天造。每当天将下雨前，便有五色云飘逸而出，翔绕于石顶，十分神奇，人称"翔云石"。元末，杨维桢题赠墨宝"翔云胜境"。宋濂登临三清阁后，列"翔云高眺"为濮川八景之一。清康熙时，因避爱新觉罗·玄烨之名讳，玄明观更名为"翔云观"，与苏州玄妙观、乌镇修真观并称为江南三大道观。书院右有香海寺——原名福善寺，元至大年间，濮鉴舍宅建寺，落成之时，赵孟頫为大雄宝殿

题梁，管夫人在大雄宝殿西粉壁挥笔画竹。寺中有两株宋代银杏，乃
扈驾南渡的濮凤手植，一东一西，巍然并峙，此即宋濂题濮川八景中
之"福善翠冷"。康熙六十一年（1722年）七月，敕赐福善寺为"香
海寺"。旧时寺有千佛阁，与左之三清阁，为镇中的"姊妹阁"。

翔云书院的琅琅书声，在古镇濮院激扬起了刻苦攻读、学业精
进之风气。居住于濮院镇南横街的朱善祥是杰出的代表，同治十二年
（1873年），他以拔贡考用刑部七品京官，光绪元年（1875年）乙亥
恩科顺天乡试南元，光绪二年（1876年）丙子恩科二甲进士。朱善祥
金榜题名的喜报传至家乡，濮院士风因此大振。

时在翰林院编修任上的朱善祥，移书第二次就任嘉兴知府的许瑶
光，请其为翔云书院撰写碑记。许太守没有推辞，详其颠末，勒石为
铭。"出嘉兴通越门，舟西南行三十六里，为濮院镇，南隶桐乡，北
隶秀水……"这条运河水道，知府许瑶光多次走过，对濮院的历史、
人文与地理自是熟悉。在《翔云书院碑记》中，他表达了对书院造士
的深刻见解："自藉文艺以博科名，得科名而汩没其天性。于是老成
人乃薄文艺为糟粕，鄙科名为敝屣，变本者日多，而愤激之谈乃出，
于文艺科名又何尤焉？"实际上，经历两次鸦片战争后的中国，正面
临数千年来未有之变局，从19世纪60年代开始兴起的洋务运动，主
张"师夷制夷""中体西用"，涉及国家各领域，其中包括推行新式
教育。在知府许瑶光的碑记中，我们可以感受到传统教育模式正遭受
强烈的冲击。作为一邑太守，当然只能在既有的轨道上以使命、以担
当、以情怀尽其职责。知府许瑶光在碑记中如此表露他的愿望：

然则磨砺人才而振拔学术，吾于是固有厚望也。

翔云书院聘请的五任山长，都是当世饱学之士。

翔云观山门 / 苏惠民摄

同治十一年（1872年），首任山长严辰，来自青镇，道光二十三年（1843年）举人，咸丰九年（1859年）进士，授翰林院庶吉士。同治三年（1864年）辞归乡里后，严辰热心社会公益活动，致力于教育事业，先后出任桐溪书院、立志书院、翔云书院主讲。光绪十三年（1887年），严辰编定并付梓《光绪桐乡县志》。

　　光绪元年（1875年），山长严嘉荣，字菊泉，绍兴府山阴县人。道光十五年（1835年）举人，嘉兴府学教授。

　　光绪八年（1882年），山长许景澄，原名癸身，字竹筼，又字竹筜，嘉兴人，同治七年（1868年）进士，选翰林院庶吉士，授编修。光绪六年（1880年），许景澄奉诏出使日本，因父丧未赴任，丁忧归里，两年后应聘主讲翔云书院。光绪十年（1884年），许景澄出使欧洲五国，从此走上了既辉煌又悲壮的人生之路，成为清末著名的外交家、政治家。

　　光绪十五年（1889年），山长石中玉，字莲舫，嘉兴人，咸丰八年（1858年）举人，官富阳县学教谕。

　　光绪二十九年（1903年），山长高宝銮，字子鸣，秀水人，光绪十八年（1892年）进士，入翰林院，由庶吉士授职编修。后以母老乞归，主讲鸳湖、翔云两书院，培育嘉禾人才。

　　严辰、许景澄、高宝銮皆进士，严嘉荣、石中玉为举人，这样一个强大的院长阵容，是翔云书院之幸，亦是濮院学子之幸。

三

　　历史上的濮院一贯崇尚文化，重视教育。自元代濮鉴创建濮氏义塾，直至民国，具有远见卓识的濮院绅士代代相传，办学兴教。而濮院学子头悬梁，锥刺股，刻苦攻读，学业精进。按濮院旧志记载，明清两代，濮院共有进士二十人，举人八十二人（包括武科中式），贡生一百人。濮川一境人才辈出，流光溢彩。

濮院镇西有座鸣凤桥，俗称"油车桥"，桥联为："一犁好雨占鱼梦，万里秋风听鹿鸣。"旧时，如有乡榜报捷者，必自此桥进镇去。因此，每逢大比之年发榜时，镇人相聚于鸣凤桥畔，焦急而激动地等待着捷报飞至。这是一个令人期盼的、隆重的节日。

在光绪二十八年（1902年）的壬寅补行庚子辛丑恩正并科乡试，张文镐、朱辛彝、刘富槐同时中举，这是清代最后一次乡试，"梅泾三举子"全浙瞩目。

张文镐，后改名张愫，字劫僧。先祖乃是入祀孔庙的清代大儒张履祥，镇中平桥西块保元堂内建有"杨园祠"，地方士绅每年都要前往恭敬致祭。张文镐致力于桑梓教育，热心乡里公益事业。

朱辛彝，字仲章，是进士朱善祥的第四个儿子。民国初，入北洋政府财政部工作。1933年，乌镇名士、银行家卢学溥重修《乌青镇志》，聘请朱辛彝出任编纂之职。

刘富槐，字树声，号龙伯。三十三岁中举后，供职京师，先后担任京师大学堂（北京大学前身）教习、盐务学堂教习。他博览文史，工于词章，其国学根底深厚，且精于中医之道。

科举废除之后的宣统元年（1909年），毕业于日本物理专门学校格致科的朱乙栎，毕业于日本陆军士官学校骑兵科的汪镐举，这两位秀水籍濮院学子，廷试优等，例奖举人。

翔云书院自清同治十一年（1872年）开课，至光绪三十二年（1906年）停办，在历时三十四年的办学时间内，濮院一镇产生了两位进士，七位举人。

光绪二十八年（1902年），镇绅夏辛铭筹款创办濮镇两等小学堂，借翔云书院校舍招生开课。民国五年（1916年）更名为敬业国民学校兼高等小学校，民国十二年（1923年）改名敬业完全小学校。历经时代更迭，今为濮院小学教育集团翔云小学。

从翔云书院到翔云小学，迄今已一百五十多年了，这朵吉祥的彩云，依然翔绕在这座吴越古镇的上空。立德、健体、启智、明慧，这是翔云小学的校训，也是自晚清沈梓以来一代又一代教育工作者一脉相承的人文情怀。

·唯有书香·

昭明书院 / 苏惠民摄

昭明太子读书处

唐代银杏宛在，昭明书室依稀。

这是一代文豪茅盾的缱绻乡愁，我想也是乌镇最好的代言词。在20世纪八九十年代，若去乌镇，除了游览茅盾故居，便是瞻访唐代银杏，一千多年了，深深扎根于古镇的唐代银杏连接着过去与未来；再去寻觅一千五百多年前昭明太子读书处，那是乌镇的人文渊薮。

晋朝之后，中国进入南北朝时期。永初元年（420年），宋武帝刘裕代晋建宋，定都建康（今南京），开启了南朝的历史。

昭明太子在乌镇读书，源于他的老师沈约。沈约（441—513年），字休文。按《梁书》记载，他是吴兴武康（今湖州市德清县）人，出仕于南朝宋末，成名于齐代，因与范云劝进萧衍登基帝位，改国号为"梁"，沈约自此走上了仕途的巅峰。梁武帝萧衍受禅后，沈约获任尚书仆射，封为建昌侯，邑千户。母凭子贵，封为建昌国太夫人。天监二年（503年），沈母病逝，梁武帝"舆驾亲出临吊"。因为沈约已年老，不宜过于哀伤，梁武帝还派遣中书舍人守于灵前，"断客节哭"。君王如此体恤臣子，可谓稀见。沈约服阕后，各种官职纷至沓来，他"累表陈让"，但官运来了推也推不掉，如尚书左仆射、尚书令、左光禄大夫等，都是位高权重的体现。他还有一个重要的职务：太子少傅，即太子的老师。

太子就是梁武帝的长子萧统（501年—531年），字德施，小字维摩。天监元年（502年）十一月，两岁的萧统被册立为太子。

沈约的父亲沈璞，南朝宋时官至淮南太守，由于卷入宫廷政变，成王败寇，于宋元嘉三十年（453年）被诛杀，因此没有归葬故里，而是葬于同为吴兴地界的乌镇十景塘之西。沈母去世后，亦安葬于此。旧时，其地有古刹普静寺。南宋诗人余姚高翥有一日踏访普静寺，看到了一方古碑，方知此是沈约故居，便赋诗一首《乌镇普静寺》："寂寞梁朝寺，深廓十数间。碑存知殿古，香冷觉僧残。断岸舟横浦，平坡树补山。休文如好在，依旧带围宽。"

沈约因为父母葬于乌镇，每逢春日清明都要告假，从南京赶来扫墓守庐。初时，太子萧统年岁尚小，身在宫中，每逢沈约返京，梁武帝必遣太子迎师归来。随着太子萧统年纪日增，梁武帝命在乌镇筑读书馆，内有校文台。沈约回乌镇祭扫时，命太子随其出行，就馆读书，不误学业。

在乌镇民间，流传着这样一个传说：年幼的太子萧统出了深宫，来到乌镇，正是桃红柳绿的春天，太子穿街走巷，快乐极了。沈约看到太子游玩嬉戏，唯恐他误了学业，便对他讲了一个故事。说的是有一年冬天，沈约来到乌镇，老百姓说有一个小乞丐冻死在庙里。小乞丐父母双亡，他白天乞讨为生，用节省下来的钱买书，晚上栖于庙中佛殿，借着微弱的油灯刻苦读书，时值隆冬季节，小乞丐在不知不觉中被冻僵了。沈约听到这个消息后，连忙入庙探看，十多岁的小乞丐早已没有了气息，手中还紧紧攥着一本书，至死不忘读书。太子何等敏慧，听了老师的故事，便沉下心来，潜心读书治学。

《梁书·昭明太子传》记其"三岁受《孝经》《论语》，五岁遍读'五经'（《诗》《书》《礼》《易》《春秋》），悉能讽诵"。

昭明太子画像

昭明太子读书处 / 乌镇景区供图

明代周大绶之《梁昭明读书园记》说太子萧统"终日诵书不辍，夜则使其官属诵而卧听之。遇有脱误，悉识之，以责诵者。自古贤良主器，其博学能文章，殆莫过于统也"，只有这样用功读书的人，才能"好学多闻，通知今古"。

太子萧统如此刻苦好读，当然是与沈约这位名师督促、指导有关。沈约"笃志好学，昼夜不倦"，"昼之所读，夜辄诵之"，是一个真正的读书人。他爱书藏书，并且乐意与人分享藏书，"遇贤者与之"，乃南朝第一藏书大家。

南朝烟雨中，齐梁之时，文学大盛。沈约既居相位，又独步文坛。南齐永明年间，竟陵王萧子良集合了一批文士，最著名的是"竟陵八友"：萧衍、沈约、谢朓、王融、萧琛、范云、任昉、陆倕，成为中国古代文学史上承前启后的一个文人集团。他们经常在一起拆解、分析、鉴赏前代的诗歌，偶然间发现了汉语"平上去入"的四个声调。沈约与周颙等人创"四声八病"之说，并撰有《四声谱》，"以为在昔词人，累千载而不悟，而独得胸衿，穷其妙旨，自谓入神之作"（《梁书·沈约传》）。因为发现了诗歌的秘密，沈约欣喜不已，他在《宋书·谢灵运传》中鲜明地表达了诗歌美学主张："夫五色相宣，八音协畅，由乎玄黄律吕，各适物宜。欲使宫羽相变，低昂互节，若前有浮声，则后须切响。一简之内，音韵尽殊；两句之中，轻重悉异。妙达此旨，始可言文。"沈约对诗赋创作中声调音韵的概括总结，与谢朓等人一起的创作实践，产生了"永明体"诗歌。所开创的律诗先河，是中国古代诗歌创作的巨大跨越，后世的唐诗是中国诗歌的巅峰，其坚实的基础就是南齐的声律理论与"永明体"诗歌。诗仙李白还把谢朓引为隔代知己，"解道澄江静如练，令人长忆谢玄晖"。

无论私情，还是公谊，作为"竟陵八友"的梁武帝萧衍自是放心把太子萧统交给沈约培养。

就这样年复一年，时光流逝。日益老迈的沈约，看到太子萧统每年都要随他来到乌镇，心中甚是不安，便将父母灵柩迁葬于京都建康，这样每年的清明祭扫，就不劳太子往返奔波了。

太子萧统既不必前来乌镇读书了，便舍其读书馆，创为贤德寺，后改名为密印寺。

在沈约的生命晚期，因为政事、人事等诸多问题，与梁武帝意见相左，产生了缝隙，君臣不再坦荡相对，友朋不再磊落以待，这使敏感的沈约疑惧不已，多次请辞官职，帝又不许。沈约撰有《宋书》，全书一百卷，充分体现了他的史学观，名列二十四史，成为传世之作。沈约对历史上帝王的所作所为再明白不过，何况，他父亲之死就是前车之鉴。于沈约而言，文化可以自信，命运难以掌握，拥立有功又如何？毕竟伴君如伴虎。

天监十二年（513年），沈约卒于任上，享年七十三岁。他有惊无险，得以善终。沈约留下了一个"沈约瘦腰"的典故，后世文人将其与"韩寿偷香""相如窃玉""张敞画眉"列为风流四事，并入诗造文，如南唐李煜"一旦归为臣虏，沈腰潘鬓消磨"，如明代夏完淳"酒杯千古思陶令，腰带三围恨沈郎"。其实沈约之腰细，是因其老病。在《与徐勉书》中，他如是写道："百日数旬，革带常应移孔；以手握臂，率计月小半分。"当然，沈约心病的根源还是在于对皇权的恐惧，因此致书徐勉，乞请谢事归老。徐勉是他的老朋友，位居吏部尚书，与梁武帝关系密切，但是他的请奏，梁武帝并没有同意。沈约去世后，朝中拟谥号曰"文"，梁武帝说他"怀情不尽曰隐"，改谥号为"隐"，可见梁武帝对沈约深怀成见。沈约之死，从某种意义上说，无疑是一种最好的解脱。

那一年，太子萧统十二岁。他们的师生关系就此中止。

太子萧统的少儿时代，得到了一代名师沈约的教授，功底非常

梁昭明太子同沈尚书读书处 / 李渭钫摄

人可比。他选编了一部《文选》，起自周朝，迄于梁代，赋、诗、文三大类，六十卷，七百余篇文学作品。"事出于沉思，义归乎翰藻"是萧统的选文标准，他所关注的作品，表达的内涵深刻，表现的形式华美，达到思想性与艺术性的统一。因此，这部《文选》体现了他的文学思想与文学谱系，这也正是传承他老师沈约高度自觉的文学史意识的反映。"诗者，盖志之所之也。情动于中，而形于言。《关雎》《麟趾》，正始之道著；桑间濮上，亡国之音表。故风雅之道，粲然可观。"在萧统所撰之千余字序中，我们可以感知他的审美意趣和南朝文学的主流。

令人扼腕痛惜的是，萧统英年早逝，年仅三十一岁，谥号为"昭明"。如果他能够顺利即位皇帝，以其仁德和才识，南朝梁的政治走向及文学发展一定会是不一样的，然而历史没有假设。

萧统所编选的这部诗文总集，以《昭明文选》为名流传于世，成为后代士人必读的文学范本，遗泽天下万千读书人。而在桐乡，在乌镇，产生了以文学巨匠茅盾为代表的一大批文学精英。

乌镇这方土地，从来没有忘记过沈约与萧统这两位师生。旧时，普静寺塑有沈约像，密印寺塑有萧统像，供士子凭吊祭祀。明万历四十二年（1614年），江西金溪举人全廷训出任乌镇同知，追慕南朝名士沈约与萧统，在乌镇十景塘前修筑石坊，刑科给事中、里人沈士茂题额："梁昭明太子同沈尚书读书处。"坊之门阙南北两面各有匾额，分别是"六朝遗胜""巨镇文星"。清代康熙年间，定居桐乡县凤鸣里的安徽休宁人汪文柏，踏访了昭明太子读书遗迹，怀古思贤，赋诗《访昭明太子读书处》：

> 地僻古禅扃，曾闻鹤驾停。简编惟一过，碑碣已千龄。
> 茗水如云碧，吴山入画青。至今长夏夜，犹见照书萤。

时光流转，新时期的乌镇在西栅建造了一座古色古香的昭明书院，明代万历年间所筑之石坊，历经数百年的时代变迁、风雨侵蚀，神奇般地保存了下来，被移至书院正门前。书院内有图书馆、阅览室、校文台、拂风阁、明代经幢等建筑，古韵悠悠，书香飘逸。

2005年7月26日晚，一群中国作家在昭明书院风雅聚会，在这儿举行了第六届茅盾文学奖颁奖典礼。群贤毕至，与一千五百年前的沈约尚书、昭明太子相遇；少长咸集，向一千五百年前的文学先贤致敬！

简斋读书处

绍兴四年（1134年）暮秋，洛阳人陈与义以徽猷阁直学士出知湖州，顺着运河，一路行来，至浙北青墩。宋时，其地西为乌墩，东则青墩，是谓乌青两镇，分属湖州、嘉兴两府管辖。陈与义入得镇来，但见小桥流水，满目残荷，一片萧瑟。然而，诗人脑海中浮现的却是荷花盛开的景致。

只因多看了一眼，从此爱上了乌镇。

陈与义（1090—1139年），字去非，号简斋，出生在官宦世家、书香门第，自幼聪明好学，宋政和三年（1113年）进士，为当世才俊。

陈与义曾祖父陈希亮，字公弼，先祖乃京兆（西安）人，唐时避乱迁蜀，居眉山青神。宋仁宗天圣八年（1030年），陈希亮考中进士，定居洛阳，与同乡苏洵父子为世交。清正刚直的陈希亮出任凤翔府太守时，签书凤翔府判官苏轼是其下属。在任两年时间里，陈太守对视如孙辈的苏轼十分严厉，以挫折其傲气，磨炼其心志。当时年少气盛的苏轼"屡与公争议，至形于言色"，后来历经官场波折，领略仕途凶险，方知陈希亮之良苦用心。在陈希亮去世十四年之后，"平生不为行状墓碑"的苏轼撰写了《陈公弼传》记述陈公生平事迹。

靖康之变（1127年）后，宋室南渡，谪监陈留酒税的陈与义"避乱襄汉，转湖湘，逾岭峤"，一路辗转，追随上了在金兵追击下东逃西窜的南宋朝廷。在他奉檄担任湖州知府的绍兴四年，南宋依然处在风雨飘摇之中。这一年宋金战争不断，时有"中兴四将"张俊、韩世忠、刘光世、岳飞力撑危局，奋战前线。岳飞率军第一次渡江北伐，收复襄阳六郡，控扼长江上游，具有图复中原的重要战略意义，岳家军自此声名鹊起。那时，包括陈与义在内的南渡士民无不期待早日"还我河山"，回归故里。

绍兴五年（1135年）二月，陈与义召为给事中。《建炎以来系年要录》云："绍兴五年六月丁巳，给事中陈与义充显谟阁直学士提举江州太平观。与义与赵鼎论事不合，故引疾求去。"陈与义是给事中，而赵鼎官居相位，所见不同，陈与义托病而去，获皇恩允准。这时，他要找一个地方居住下来，当然不是沦陷敌手的故乡洛阳，也不是南宋朝廷的行在临安，而是他一见钟情的小镇青墩，因为那儿有他喜爱的荷花。

这一年立秋后第三天，陈与义携家人乘舟而来，行程三日而至青墩。舟行溪中，荷叶碧绿，荷花正艳。无官一身轻的他心情十分愉快，填了一阕词《虞美人》：

> 扁舟三日秋塘路，平度荷花去。病夫因病得来游，更值满川微雨洗新秋。　　去年长恨挐舟晚，空见残荷满。今年何以报君恩，一路繁花相送过青墩。

词前序曰："余甲寅岁自春官出守湖州，秋杪道中，荷花无复存者。乙卯岁，自琐闼以病得请奉祠，卜居青墩镇。立秋后三日行，舟之前后，如朝霞相映，望之不断也。以长短句记之。"

"一路繁花相送过青墩"，多么美妙的情景，多么美好的时刻！

靖康之变七八年来，颠沛流离、居无定所的陈与义，在寿圣塔下的僧舍无住庵里安顿下来，匾其室曰"南轩"。"呼儿汲水添茶鼎，甘胜吴山山下井。一瓯清露一炉云，偏觉平生今日永。"《玉楼春·青镇僧舍作》这首词道出了他随遇而安的心境。其后，陈与义在寿圣塔北之芙蓉浦上筑室读书。

芙蓉浦，以两岸夹植芙蓉、芳草鲜美而得名。陈与义十分喜欢这处风雅之地，赋有一词《菩萨蛮》：

> 南轩面对芙蓉浦，宜风宜月还宜雨。红少绿多时，帘前光景奇。
> 绳床乌木几，尽日繁香里。睡起一篇新，与花为主人。

陈与义在青墩的日常生活是读书、写诗、访友。他结交了两位朋友，一位是居住于密印寺西庵的高僧洪智，号大圆。陈与义曾问禅于洪智："寂然不动时如何？"答曰："千圣不能觅其踪。"又问："感而遂通又作么生？"答曰："万化不能覆其体。"陈与义顿时开窍，欣然叹道："闻所未闻。"在重阳节那天，陈与义还写了一首诗《九日示大圆洪智》："自得休心法，悠然不赋诗。忽逢重九日，无奈菊花枝。"另一位是北栅儒生叶懋，字天经，青镇布衣，他博学多识，工于诗文，且淡泊功名，不求仕进。陈与义推崇叶懋的学问，让儿子陈洪拜其为师。

陈与义经常与洪智、叶懋在芙蓉浦上相与唱和，评诗衡文，不亦乐乎。他的诗《与智老天经夜坐》正是描述了三友相处的情景：

> 残年不复徙他邦，长与两禅同夜缸。
> 坐到更深都寂寂，雪花无数落天窗。

简斋读书处、三友亭舒铁云墓（民国《乌青镇志》）

在寒冬腊月的浙北青墩，他们三人坐禅悟道，不觉夜深更阑雪花飘。这样的心灵相契，甚至让陈与义产生了与苏东坡"不辞长作岭南人"同样的想法，"残年不复徙他邦"，要在这水乡古镇安度余生。有荷花，有芙蓉，有知友，夫复何求！

第二年正月之后，一天清晨，起床后的陈与义看到冰冻初融，想起了年老多病的禅伯洪智、安守清贫的诗友叶懋，已多日不见了，便动身行舟寻访好友，以《怀天经智老因访之》而记：

> 今年二月冻初融，睡起苕溪绿向东。
> 客子光阴诗卷里，杏花消息雨声中。
> 西庵禅伯还多病，北栅儒生只固穷。
> 忽忆轻舟寻二子，纶巾鹤氅试春风。

早春二月试春风，清冽风雅，温暖人心的则是三友之情。

据传，陈与义这首诗流传到了皇宫，宋高宗特别欣赏"客子光阴诗卷里，杏花消息雨声中"这两句诗。

绍兴六年（1136年）夏，陈与义获召为中书舍人、直学士院；十一月，拜翰林学士、知制诰；次年正月，参知政事。《宋史·陈与义传》记载了这样一则政事：

> 时丞相赵鼎言："人多谓中原有可图之势，宜便进兵，恐他时咎今日之失机。"上曰："今梓宫与太后、渊圣皆未还，若不与金议和，则无可还之理。"与义曰："若和议成，岂不贤于用兵。万一无成，则用兵必不免。"上曰："然。"

作为一位热血诗人，陈与义无疑是希望收复中原的主战派，然而宋高宗的一番话，让他火热的心凉了下来，除了折中婉言，还能再说什么呢？宋高宗出于一己私利，即使拥有"中兴四将"之雄兵、军民同仇敌忾之气势，也无意北伐金兵，决一死战，不雪靖康之耻，不复大宋江山，而偏安江南一隅。多少南渡士民，多少英雄豪杰，在战与和、期盼与绝望的交织中，或神色黯然，或悲愤叹息。

北宋时期的陈与义，其诗歌大多是抒发闲情逸致，情寄山水风物；南渡之后的陈与义，满怀家国情怀，诗风慷慨激越。唐代的杜甫经历了安史之乱，宋代的陈与义经历了靖康之变，都是中国历史上的大事件。陈与义诗宗杜甫，词继苏轼。宋代文坛影响最大的一个诗歌流派是江西诗派，尊杜甫为祖，黄庭坚、陈师道、陈与义为诗派"三宗"。陈与义客居青墩时，赋有《咏牡丹》："一自胡尘入汉关，十年伊洛路漫漫。青墩溪畔龙钟客，独立东风看牡丹。"还有一首《临江仙》，题为"夜登小阁忆洛中旧游"："忆昔午桥桥上饮，坐中多是豪英。长沟流月去无声。杏花疏影里，吹笛到天明。二十余年如一梦，此身虽在堪惊。闲登小阁看新晴。古今多少事，渔唱起三更。"伤时感世，百感交集。当代学人钱锺书在《宋诗选注》中如是评价陈与义："在北宋南宋之交，也许要算他是最杰出的诗人。"他的诗词，在南宋文坛上必有回响，如在陆游、辛弃疾这一脉诗人中起到了潜移默化的影响。

在南宋的朝廷上，陈与义因是徽宗旧臣，高宗故而格外看重。然而，诗人情怀无法化成治国经略，个人意志也不能植入帝王强权。陈与义深感"动见格于执政，气抑抑不得伸"，想起了布衣叶懋，昔时在青墩，陈与义曾劝他入仕，叶懋只是淡然一笑，不予应允。时过数年，陈与义感叹道："吾今始知天经之高也。"

绍兴七年（1137年）三月，陈与义陪同高宗赴建康，次年春扈跸还临安。陈与义因病在身，请辞本职，高宗命其"以资政殿学士知

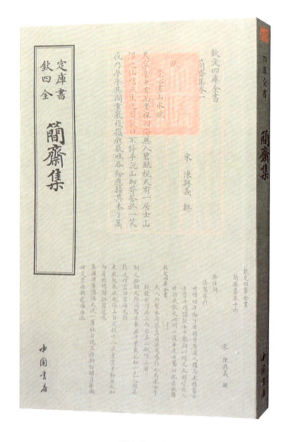

《简斋集》书影
（陈与义撰，中国书店2018年8月出版）

湖州"。陈与义上殿再辞，高宗十分关心他的身体，"劳问甚渥"。陈与义于绍兴八年（1138年）四月再知湖州，至七月病情加重。高宗准以请闲，予提举临安洞霄宫之职，嘱其安心养病。陈与义回到了青墩，仍居无住庵旧舍。

临安城里的庙堂不能全其志，青墩无住庵的小阁却能栖其身。

时至十月，桂花香远，微雨飘飞。体病思忧的陈与义执酒一壶，思绪万千，往事如烟，赋诗《微雨中赏月桂独酌》：

> 人间跌宕简斋老，天下风流月桂花。
> 一壶不觉丛边尽，暮雨菲菲欲湿鸦。

时已向晚，英雄迟暮。陈与义的生命没有熬过这个冬季，绍兴八年（1138年）十一月二十九日（1139年1月1日），陈与义病逝于青墩，年仅四十九岁。

"人世多违壮士悲，干戈未定书生老。"客死异乡的陈与义心中满怀无尽的遗憾，那是回不去的中原故乡，再也见不到的洛阳牡丹。临终前的他不知道三年之后抗金名将三十九岁的岳飞会冤死于大理寺狱，但他知道高宗的真实思想是议和而弃中原，偏安而不复大宋。这是南宋王朝梦魇一般的宿命，终其一朝，悲壮、悲凉的家国梦始终萦绕在无数仁人志士的心头。作为一个才华横溢的诗人，陈与义自是无法左右历史的走向，唯有一册《简斋集》，还有一卷写于无住庵里的《无住词》，收藏了他的一生情怀。

陈与义去世后，乌镇人没有忘记他。他居住的无住庵寓所，被称为"简斋读书处"，在其读书处旁建了"三友亭"，纪其与高僧洪智、邑儒叶懋的友谊。元代，一代艺术大师赵孟頫前来乌镇，踏访陈与义读书处遗迹，以古篆题写"南轩""简斋读书处"两块牌匾。至民国十七年（1928年），因亭阁久毁，镇绅吴宝清重建三友亭于芙蓉浦上，并建平屋三间，为简斋读书处。

自南宋以降，许多文人雅士寻访乌镇之简斋读书处，追怀来自洛阳的诗人陈与义，诵读他"体物寓兴，清邃纡余，高举横厉"（《宋史·陈与义传》）的诗词。南宋诗人张尧同之《嘉禾百咏》歌咏嘉兴人文胜迹，简斋读书处即其一：

诗老追唐句，闲居筑简斋。芙蓉寒浦外，红落感秋怀。

双贤桥 / 沈剑峰摄

宋濂读书处

宋濂读书处，在濮院镇永越村双贤桥之南。双贤桥的河道，是东市梅泾河的支流，由东向西而来，在这儿形成了三角漾，一路水往南，一路水向北。在久远的年代里，周围遍植桑树，人家养蚕采茧，三角漾上的这座石桥最初的名称或许应是"桑园桥"，指桑园里的桥。

历史上的濮院，是春秋时期御儿一草市，古称檇李墟。宋元时期，濮院这个区域，以庙桥河为界，北为嘉兴县永乐乡，南则崇德县梧桐乡。宋建炎年间，著作郎濮凤扈驾南渡，定居在遍植梧桐的草市，乐志耕桑，经营家业。至元代，濮院家族的发展达到了高峰，执掌家业的濮鉴因为创立了经营丝绸的四大牙行，打响了"濮绸"品牌，濮院万商云集，濮氏日进万金，成为嘉禾巨族。艺坛伉俪赵孟頫、管道昇夫妇与濮鉴交情深厚，成为濮家座上客。商业版图横跨嘉崇两县的濮氏家族崇文重教，元至正十年（1350年），濮鉴之子濮允中发起了规模宏大的聚桂文会，时有东南文士五百余人以文卷赴会，执教于濮家的文坛领袖杨维桢担任主评裁，成为元末中国影响广泛的文学盛会。

主雅客来勤。许多文人雅士来到濮家大院，或教书，或交友，或游览，不亦乐乎。时有会稽人江汉正执教于濮氏义塾，崇德诗人鲍恂居镇东之西溪，结屋千金圩叒山的贝琼坐馆朱氏环碧堂……皆当世文人雅士。金华人宋濂也慕名而来了，为了在元末乱世中寻找一处读书治学的地方。

宋濂（1310—1381年），字景濂，号潜溪，金华浦江人。史载"（宋濂）自少至老，未尝一日去书卷，于学无所不通。为文醇深演迤，与古作者并"。作为饱读诗书的一代大儒，宋濂诚谨儒雅，杨维桢旷达不羁，虽个性不同，却彼此欣赏，引为知己。杨维桢在濮家大院主持名震东南的聚桂文会，并在《聚桂文集序》中如是写道："嘉禾濮君乐闲为聚桂文会于家塾，东南之士以文卷赴其会者凡五百余人，所取三十人，自魁名吴毅而下，其文皆足以寿诸梓而传于世也。"这使得这方丝绸重镇以文化的方式亮相于江南士子的眼前。宋濂之嘉禾濮川行，当是追随杨维桢之足迹而来。

濮家在双贤桥南建有读书台，这是远离繁华市镇的郊外，周野阡陌纵横，三二人家耕田种地，日出而作，日落而息，四季景色各不相同，尽显水乡风光。

宋濂来到读书台，四下观望，有河有桥有田野，是适宜修身养性的读书佳处，便打心眼里喜欢上了这个地方，怡然安居于此。生活起居既得濮家悉心照应，自可潜心读书。

宋濂读书之余，在濮氏父子的陪同下游览古镇各处景致。在濮氏家族一代又一代的接力经营下，濮川一境商业兴旺，市镇繁华，小桥流水，梵呗声声，呈现出独特的江南风情。

宋濂行至桐香室，一边品茗，一边赏读杨维桢的《桐香室记》《聚桂文集序》，并应主人盛请，挥笔书写了"读书敦教"四字，端正清丽，气韵生动。

宋濂游遍了古镇景点，雅兴勃发。诗人鲍恂选有"濮川八景"，依次是市桥晓色、林墅书声、翔云仙观、落日招提、南泾渔艇、西村樵唱、幽湖秋月、梅泾雪霁。宋濂则以自己的观察与视角，遴选了新

宋濂画像

一版的"濮川八景"，并为之赋诗：

福善翠冷

太古烟霞错绣楹，拍天苍翠缬虚明。

擘开千佛无文印，不似空题雁塔名。

翔云高眺

凌虚不用跨青牛，拄杖为龙任去留。

极目山川知己在，乾坤冷落片云浮。

妆楼旭照

晓云一带舞衣轻，脱体风流最惜卿。

莫道故人心不见，半帘春色露倾城。

梅泾花午

踏穿清浅水云奔，皓日当空雪满村。

可笑罗浮山上客，一枝明月醉黄昏。

荷塘晚风

林塘日暮彩鸳飞，凉动汀荷香满衣。

落日半竿花未睡，采莲人逐钓船归。

化坛枫冷

霜花零落暮秋寒，一醉西风树叶丹。

却怪枫人留不住，满溪月色老夫看。

幽湖月满

苍旻不挂一游丝，两岸渔歌月上迟。

看破婵娟全面目，菱花无语笑冯夷。

西院缠霞

夕阳倒插暮云沉，醉剪胭脂结翠林。

绝壁丹书人不识，柴门深峭听归禽。

宋濂《濮川八景诗》一出，自永乐市而向嘉郡一地流传，从明代至清朝，引来众多文人雅士争相唱和。郡城屠敏澜藏有明代著名画家仇英所绘之《濮川八景图》，凡阅者都认为"标目较雅，且合题咏"。仇英，字实父，号十洲，为明代画坛"吴门四家"之一。按旧志所载的标目，仇英所绘"濮川八景"中，"桐林秋雨"替换了"妆楼旭照"，其余七景则为宋濂所选。

传说在宋濂寓居濮川期间，青田人刘基前来与他相会。刘基（1311—1375年），字伯温，是元末明初中国历史上一个极其重要的人物，既具有军事、政治才能，又有不凡的文学修养，与宋濂、高启并称"明初诗文三大家"。与三国时期的诸葛亮一样，文韬武略的刘伯温在民间充满了传奇色彩。

时值元末，战火频仍。元至正十一年（1351年）于安徽颍州爆发的红巾军起义，在大江南北引燃了燎原大火。濮川一境其时尚未受到战事侵袭，市井繁华依旧。然而，时移世易已成大势。

在历史走向尚未清晰的当口，刘基来会晤宋濂，应该不是谈诗论文，那时已很难容得下一张安静的书桌了。他俩经常走出读书台，倘徉于那座玲珑别致的单孔石桥上，评议时事，指点江山。

石桥西有古松一株，"虬枝屈蟠，形势奇古"，西北处有岳家坟——乃岳飞后裔祖茔，但见松树苍翠，清流环前，穴有横琴案砂，生气凝聚于此。这引起了刘基的关注，善操阴阳八卦的他，经过一番审视后，不禁赞叹道："真乃吉壤也。"——果真如此，在明万历年间，梅泾之南的岳家村，岳九德三个儿子岳元声、岳和声、岳骏声相继折桂登科，榜花三开岳家村，美名传扬嘉禾地。

而那座桑园里的小石桥，因为宋濂与刘基同游其上，所以濮院百姓称之为"双贤桥"，以纪念这两位先贤。

元至正十六年（1356年），朱元璋军队攻占南京，改南京为应天府，以此为立足点，经略江南，逐鹿中原。浙东平定后的元至正二十年（1360年），朱元璋召"浙东四先生"宋濂、刘基、章溢、叶琛至应天府。时年七月，宋濂获任江南儒学提举，其后朱元璋"命授太子经"，出任太子朱标的老师，从此宋濂追随朱元璋，成为明朝"开国文臣之首"。

元至正十七年（1357年），枭雄杨完者之苗军进驻富饶的濮院，古镇经历了一场前所未有的浩劫，百姓死伤无数，金银搜刮一空，民房被毁十之六七，直至次年，剽悍的杨完者自缢，残暴的苗兵撤离。满目疮痍的濮川一境，在濮氏家族的努力下，休养生息，治愈创伤，渐渐地恢复了元气。元至正二十六年（1366年），张士诚女婿潘元绍驻兵乌镇，保安浙西，因军中粮尽，求援于濮家，贷粮十万斛，濮院因此避免了乱军侵掠之灾。那时的朱元璋大军势如破竹，先后攻取了杭州、湖州、嘉兴等重要城池，尔后剑指平江府，重兵围攻苏州城。元至正二十七年（1367年）九月，姑苏城破，张士诚被俘，不屈自尽。明朝建立后，支持过张士诚的濮氏家族大祸临头，明洪武二年（1369），诏命濮家七十二支分析而居，唯因濮鉴已殁，不在迁徙名录中。嘉禾巨族濮家自宋建炎年间定居于此，悉心经营而致富贵流传，历经二百三十多年，偌大家业风流云散，戛然而止。

明洪武中晚期，宁海人方孝孺来到了濮院。方孝孺（1357—1402年），字希直，作为宋濂的高足，方孝孺在洪武年间虽然两次得到朱元璋的召见，但是都没能得到重用。他的老师宋濂则晚景凄惨，尽管朱元璋知道"宋景濂事朕十九年，未尝有一言之伪，诮一人之短，始终无二，非止君子，抑可谓贤矣"，然而，在洪武十三年（1380年）十一月，宋濂长孙宋慎因涉"胡惟庸案"而与其叔宋璲同获诛杀，暴戾的朱元璋不仅杀了宋濂一子一孙，而且还把致仕归甲的宋濂执至京城，问罪处死，幸得马皇后、朱标太子力救，免其死罪，安置茂州。洪武十四年（1381年）五月，流放途中的宋濂在川东夔州身染重病，端坐而逝。与宋濂情同父子的方孝孺莅临濮院，是不是为了踏访老师的足迹而来？

那时，开明仁义的濮氏家族迁徙四散，一代大儒宋濂也已殒命异乡。在这嘉禾古镇，年轻的方孝孺是否寻访到了老师笔下的濮川八景？是否寻访到了老师曾经寓居的读书台，还有那座老师与刘基漫步其上的双贤桥？最终，他留下了一首诗《泊舟幽湖》：

> 十载飘零一梦中，桃花依旧艳东风。
> 濮家旧院今何在？到处机杼说女红。

幽湖与濮川、梅泾一样，都是濮院的古称。在《泊舟幽湖》这首诗中，方孝孺感时伤世，无尽忧伤。

地处乡野的读书台日渐荒芜，乃至倒塌。北之双桥贤默默无言地承载着岁月的风雨、行人的脚步。

明末清初，濮院诗人沈机因慕宋濂之名，在读书台遗址筑"梅泾草堂"，老屋数十椽，梅竹相环，故自号"梅花逋客"。沈机作有一诗《怀宋景濂先生读书台》：

当年宋夫子，此地昔曾来。予也闲观易，空闻旧有台。

音容流月露，馨欬出风雷。后起谁为继，千秋仰大才。

江山易主之时，作为一个热血诗人，沈机满怀反清复明的志向，渴望与前辈宋濂一样建立不朽功业。清顺治二年（1645年），明唐王朱聿键在福州登基称帝，改元"隆武"，沈机前往追随。次年清军入闽，朱聿键被掳，绝食而亡。沈机只好避祸归里，隐于诗酒。经世济民的梦想既已幻灭，只求在艺术的天地里独善其身。

沈机裔孙沈懋德同样才华横溢，"有大志，工诗文，尤善词曲"。清嘉庆年间，沈懋德幕游山西时，以笔名"归锄子"创作了一部长篇小说《红楼梦补》："此书写黛玉回生，直接前书九十七回后，自黛玉离魂之后写起。"全书约三十七万字，自序云："于焉技痒续貂，情殷附骥。翻灵河之案，须教玉去金来；雪孽海之冤，直欲黛先钗后。宜家宜室，奉寿考于百年；使诈使贪，转炎凉于一瞬。大观园里，多开如意之花；荣国府中，咸享太平之福。与其另营结构，何如曲就剪裁，操独运之斧斤；移花接木，填尽头之邱壑。转路回峰，换他结局收场；笑当破涕，茇尽伤心恨事。"

清乾隆十年（1745年），满族人舒瞻出任桐乡县知县，乾隆二十年他再次署任。这个喜欢吟诗填词的知县，得知梅泾有宋濂读书台，在一个秋日午后，趁公事已办结，赶紧命人备小舟，从梧桐泾赶赴濮院。双贤桥畔古松下有乡村孩子在玩耍，舒知县经过一番询问，找到了双贤桥南的读书台旧址，但见荆榛丛生，一片荒凉。舒瞻蹲下身子，抚摸着遗址中的一块块残碑断碣，默默追慕先贤风采，仿佛犹闻"弦诵声"，心中感慨不已，他以《梅泾访宋景濂先生读书台故址》记之，其中有诗句曰："缅维宋夫子，精庐坐兀兀。读书慕孙登，文抱建安骨。风云与时会，珥笔侍禁闼。煌煌玉堂仙，树立何清达。"

清乾隆三十七年（1772年），一场狂风摧折了双贤桥西的古松。而双贤桥在风侵雨蚀中也坍废了，清光绪十五年（1889年）里人重建双贤桥于原址，时至今日犹安然无恙。

有了双贤桥这个坐标，元末宋濂读书台便有了明确的定位。读书台，双贤桥，历代士子吟诗赋词，传诵不息。

清代濮院诗人沈涛在《幽湖百咏》中如是写道：

双贤桥下水潆洄，镜面芙蓉镜里开。

自古英雄起渔钓，教郎还上读书台。

作为晚生后辈，我多次前往双贤桥，缅想六百六十多年前的元末，满腹经纶的宋濂、刘基正当盛年，意气风发，在鼎革之际，他们满怀家国情怀，走向广阔的人生天地。虽然在波诡云谲的时代风云中，他们的命运结局令人唏嘘不已，但是都在中国历史的篇章中留下了浓墨重彩的一笔。

凝望双贤桥南的读书台遗址，我与清乾隆年间舒瞻知县一样，仿佛看到状貌丰伟的宋濂先生端坐于书桌前，持卷而读，神情专注，一脉书香氤氲暖曛，自古到今，馥郁依然。

王阳明读书处 / 海华村供图

王阳明读书处

　　地处杭嘉湖三府交界之地的大麻，向为德清县所辖，在新中国成立后的1950年5月划归崇德县。当时的嘉兴、湖州都是一家人，由中共嘉兴地委、嘉兴区专员公署领导。1958年11月，崇德县与桐乡县合并。从此，大麻一直是桐乡所辖的乡镇。

　　大麻，古称麻溪。镇东北之清池漾，旧时水域开阔，池水清澈，大旱不涸，大涝不溢。中有土墩，草木茂盛，相传为麻姑仙子筑台炼丹处，曾经树有石碑"麻姑炼丹台"，民间谓其"麻姑墩"。无论大麻，还是麻溪，都与麻姑仙子的传说有关，既是女神，又是寿仙，居此炼丹，可见这是一个多好的地方！

　　元代末期开通的由崇福镇西流大麻、塘栖至杭州的运河，称"下塘河"，大麻从此迎来了舟楫便利的发展时期，与运河沿线的乡镇一样融入了时代的快车道。元末以降，大麻运河段是南来北往进出杭州的咽喉。

　　明成化七年（1471年），余姚秀才王华应聘来到运河之畔的麻溪湘漾里徐家场，执教于徐氏家族。王华（1446—1522年），字德辉，号实庵。他自幼聪敏，读书过目不忘，在府学中成绩名列前茅，然而数次乡试皆落第。怀才不遇，只因时机未到。

　　大麻徐氏，为德清县望族。徐氏世居汴梁（河南开封），宋室南渡后，徙居大麻。至明代中期，徐氏"族大而饶于财"，"居室土木之盛甲郡"，不仅在德清县，而且在湖州府，都是数一数二的富豪人家。德清旧时徐胡谈蔡四大家族，麻溪徐氏排列首位。明成化年间，执掌家业的徐廷规、徐廷矩兄弟尊师重教，延请名师培养族中孙辈。

徐廷规（1411—1496年），字公器，别号一诚居士。他绝意仕进，专注经营家业，使资产更加丰饶。身为富绅的徐廷规治家严谨、节俭，其子女不敢奢靡。他"性好施与"，扶贫济困，热心公益，且智勇双全，助官平盗。他还是一个大孝子，母亲曹氏久病不愈，他割股疗亲。在大麻一地，徐廷规是极具名望的乡绅。

徐九龄（1439—1523年）是徐廷规唯一的儿子。作为父亲的徐廷规，对此子自是无比宠爱，但又严厉管教。徐九龄，字寿卿，他这一脉人丁兴旺，生有元祯、元祥、元亨、元礼、元祉、元禄六个儿子，还有三个女儿。徐九龄从弟徐九思（1441—1522年），字一卿，精研《诗经》，成化元年（1465年）乡试亚魁，成化二年（1466年）考中进士，历官至南京左通政。徐九龄另一位从弟徐九万，字汉卿，通识《礼记》，弘治十四年（1501年）举人，他的夫人是一代名臣于谦的孙女。

王华处馆徐家，教导徐元祯那一辈徐氏弟子。第二年，即成化八年（1472年）十月，王华的儿子王守仁出生，原名王云，字伯安，别号阳明。凡伟大之人，似必有异禀。如《明史》所记，大多孩子都是十月怀胎而生，而王华的夫人居然怀胎十四个月才生下了儿子。因为祖母梦见神人云中送子来，所以祖父为其取名"云"。然而，王云一直到五岁还不会说话，其时有"异人拊之，更名守仁"，就会开口说话了。阳明先生的这般出场方式，堪称传奇。

儿子守仁既已会说话，教育必须放在首位了。作为父亲的王华颇为犯难，一时难以辞去徐氏的教职，但儿子的培养也不能缺位。徐家

王阳明画像

得知后，让他把守仁带到大麻来，与徐氏子弟一起受业共读。

王守仁"天姿异敏"，他与徐氏少儿一起开蒙读书，一起快乐玩耍，湘漾里徐家场回响着少年守仁的琅琅书声与天真欢笑。

相传徐氏子弟课余的娱乐活动是对弈，王守仁耳濡目染，很快入迷，不亦乐乎。娱乐一旦入了迷，学业一定有所影响。王华作为严师，不能太过约束徐氏子弟的课后活动，但对自己的儿子动了真格，多次规劝之后，看到儿子仍不收心，王华一怒之下，把象棋扔向了学馆窗外的河中。明末清初小说家褚人获在《坚瓠集》中录有王守仁一诗：

> 象棋终日乐悠悠，苦被严亲一旦丢。
> 兵卒堕河皆不救，将军溺水一齐休。
> 马行千里随波去，象入三川逐浪游。
> 炮响一声天地震，忽然惊起卧龙愁。

这也许是王守仁存世最早的一首诗。七八岁的少儿以象棋落水这个悲剧意象，通过完美的构思，描述了一场宏大的战争场景。他赋予每一枚棋子以生命，悲悼全军覆灭的命运，情景交融，比喻绝妙。

朝夕相处的象棋没有了，悼棋诗也写了，王守仁领悟了父亲的一片苦心，从此收了玩性，刻苦攻读。

成化十六年（1480年），厚积薄发的王华以浙江乡试第二名的成绩中举，辞去了大麻徐氏的教职，少年王守仁随父亲离开了麻溪。成化十七年，王华考中进士，状元及第。

大麻徐氏徐九龄，于成化二十三年与妻弟丁养浩考中同榜进士，步入仕途。

弘治四年（1491年），徐九龄的父亲徐廷规去世。徐九龄以进士入仕后，任祠部主事，与王华同为京官。五月的一个黄昏后，王华正要就寝，徐家遣仆来报丧。王华闻听徐廷规之死，当即洒泪。王华在为一诚徐公撰写的《行状》中如是描述道："明日，往哭于九龄。九龄伏地哭，几绝。又明日，九龄顿跣过华请状，伏地哭，华亦哭。"王华之哭，哭出了他对徐廷规的尊敬，哭出了他与徐家的真情。王华撰此《行状》的署名是"赐进士及第、奉训大夫、右春坊太子谕德兼修国史、经筵日讲官"，这是他在宫廷中的官职。作为太子、皇帝身边的红人，他依然葆有余姚士子的真性情，发自内心，毫无矫饰。

王华于成化十七年（1481年）考中进士后，从余姚迁居到了绍兴，那一年王守仁十岁。父子俩虽然离开了大麻，但是徐氏家族与他们的交情历久弥新。随着王守仁日渐长大，徐家产生了与王家结为儿女亲家的想法，并托王守仁叔伯辈的人予以转达。

北京荣宝斋藏有王守仁的一件手札，世人称为《拒婚帖》，全文如下：

> 别后三接手诲，知宾主相得为慰，可知孟吉既善友而未敬，复勤修之，士从此荡摩相观，学问之成也有日矣，益用喜跃！所喻徐宅姻事，足感寿卿先生之不鄙。但姚江去越城不二百里耳，祖母之心犹以为远，况麻溪又在五六百里之外耶，心非不愿，势不相能，如何，如何？见徐公，幸以此言为复。吾两家父祖相契且数十年，何假婚姻始为亲厚？因缘之不至，固非人力所能为也。涵养有暇，努力文学，久处暂别，可胜企望。侄守仁顿首。

在这通手札中可以看到，王守仁时居绍兴，而祖母仍住余姚。成化二十年（1484年），王守仁母亲不幸去世时，他才十三岁。后来父亲王华续弦，继母对处在叛逆期的他很不友好，关系甚是紧张。那时的王守仁，除了父亲，最疼爱他的就是博学的祖父与慈祥的祖母。在《拒婚帖》中，王守仁说到从余姚到绍兴不到二百里，祖母已觉得太远了，而余姚距离大麻有五六百里远，于老人家而言，水路迢迢，更是遥不可及，这是第一个理由。接下来，王守仁又说道："吾两家父祖相契且数十年，何假婚姻始为亲厚？"徐王两家往来甚密，无需通过婚姻维系亲情。实际上，王守仁主要还是在意这一点："因缘之不至，固非人力所能为也。"

弘治元年（1488年），十七岁的王守仁奉父命前往南昌，与江西布政司参议诸让的女儿完婚。诸让，字养和，余姚人，成化十一年（1475年）进士，是王华的至交。王守仁成婚之日，闲逛而入铁柱宫，与一位鹤发童颜的道士坐而论道，不知不觉，天黑了，又亮了。那个洞房花烛夜，新娘诸小姐独守空房，诸家上下由于新郎失踪而担惊受怕，直到他凌晨归来，才放下心来。

特立独行，于此可见。无论是政坛，还是学术，王守仁注定会有一番非凡作为。

弘治五年（1492年），王守仁参加了浙江乡试，成为举人。七年之后的弘治十二年，他考中进士。昔日，少年王守仁对先生说过："登第恐未为第一等事，或读书学圣贤耳。"今得蟾宫折桂，人生自有转折。王守仁踏上仕途后，文治武功，颇多建树，如他在平定盗贼、讨伐叛军的过程中，谋略奇妙，用兵诡异，因其功绩而加封"新建伯"。我想，王守仁的军事才能，与他少儿时代喜欢对弈有密切关系。中国象棋培养的就是弈者运筹帷幄的思维，如整体与局部、进攻与防守，十分考验个人纵横捭阖的智力。王守仁最大的学术成就是"阳明心学"，其思想精髓是：心即理，致良知，知行合一。论者认为"阳明心学"肇始于孟子，兴盛于程颢，发扬于陆九渊，由王守仁集其大成。因此，被誉为"治学之名儒，治世之能臣"的王守仁站到了中国哲学的巅峰。

嘉靖元年（1522年）二月，官至南京吏部尚书的王华卒于家中，享年七十七岁，诏赠"新建伯"；嘉靖二年（1523年）三月，官至尚书祠部主事的徐九龄去世，享年八十五岁；嘉靖七年十一月二十九日（1529年1月9日），一代大儒王守仁病卒于江西南安青龙浦舟中，年仅五十七岁。《明史》记曰："丧过江西，军民无不缟素哭送者。"

在王守仁逝世后的三十八年间，没有获得应有的身后哀荣。直到隆庆元年（1567年），皇帝朱载垕闻听群臣皆颂王守仁功德，感叹道："两肩正气，一代伟人，具拨乱反正之才，展救世安民之略，功高不赏，朕甚悯焉！因念勋贤，重申盟誓。"诏赠王守仁"新建侯"，谥"文成"；隆庆二年予以世袭伯爵。万历十二年（1584年），王守仁从祀于孔庙。终明一朝，二百七十六年间，配享孔庙仅四人：薛瑄、王守仁、陈献章、胡居仁。王守仁为其一。"阳明心学"由海内而海外，广泽士林，影响深远。

而在王守仁启蒙读书的麻溪徐家场，人们没有忘记阳明先生，在徐氏书馆处筑有锦香亭，并立石碑一块，上书"阳明先生读书处"。可惜的是，一亭一碑皆毁于明末战乱。今日之大麻海华村建了"王阳明读书处"，虽是易地重筑，但可寄念想之情。

乘兴踏春，去了麻溪湘漾里。徐家场已非明时光景，富商巨贾的繁华，学而优则仕的气息，在时光流转中，已是"星言凤驾，说于桑田"，在一派原生态的自然乡村中，想起阳明先生的门人、明代苏州学者黄省曾所录之一则先生答问：

> 先生游南镇，一友指岩中花树，问曰："天下无心外之物，如此花树在深山中自开自落，于我心亦何相关？"
> 先生曰："你未看此花时，此花与汝心同归于寂；你来看此

运河两岸的乡村大地 / 沈净摄

花时，则此花颜色一时明白起来。便知此花不在你的心外。"

"无心外之理，无心外之物"，一切皆是"我"之心与天地万物的相融与共鸣，发现与主宰。

如同此时，惊蛰过后的乡村，麦子正在拔节，油菜花黄香飘，桑园嫩绿盎然……正是春日芳菲读书天，仿佛看到余姚士子王华正在书馆执教徐氏子弟，神情端庄，抑扬顿挫。他的儿子王守仁与同窗学子全神贯注，专心听讲。琅琅书声清脆地响起来，响彻在明代成化年间麻溪徐家场的上空，一直至今，犹未消散。原来，这一切从未逝去，就在我们的心中。

·浙里诗书·

明清藏书处

一

元至正十年（1350年），杨维桢坐馆濮氏桐香室时，为濮院集桂坊的赵家写了一则《聚桂轩记》，感叹道："秀在宋为文物之邦，至今士多兴于学，处廛者亦类皆鸿生硕彦。"秀，乃嘉兴古称。在这方人杰地灵的鱼米之乡，士子兴学，百姓崇教，向为人文重地。在濮院这个小镇，无论是嘉禾巨族的濮家，还是平民书生的赵氏，都让杨维桢看到了江南文化的肥沃土壤，当然是无比欣喜的。

崇桐一地读书之风气，营造了士子爱书、藏书、刻书、著书的书香氛围，自宋元而始，至明清时期达到了高峰。

明代中叶，以濮绸而名世的濮院古镇，在雷家潭出现了一位藏书家，他姓杨名恩，字菊宾，辟有嘉乐堂，藏书万卷。作为浙江的藏书家，杨恩与明代享有盛名的姑苏书画大家、翰林院待诏文徵明交情颇深。嘉靖五年（1526年），文徵明辞官归里后，杨恩在宅基地上筑了一座新楼，盛请文徵明来濮读书，教授杨氏子弟。文徵明为此楼题额为"启明楼"，又为藏书楼"嘉乐堂"书写匾额。

嘉靖元年，乌镇人、广西横州通判王济以母老而辞官还乡。王济（1474—1540年），字伯雨，号雨舟，晚号白铁道人。先祖为安徽泗州人，元代战乱时避兵南迁，定居在乌墩镇，到王济这一辈，已是第六代了。王济的父亲王英，号且闲，明弘治年间任苏州卫指挥使。王英是乌镇巨富，但吝啬守财，作为富二代的王济则不同，尽管自己"布衣补被如寒士"，然而热心乡里公益，扶贫济困，毫不犹豫。王济修筑的横山堂，亭台楼阁，美箭嘉树，诚为园林名胜。他不仅藏书丰富，而且收藏了大量的金石书画，颇多国宝级珍品，如唐代冯承素的摹本《兰亭序》，明万历年间流传到嘉兴收藏家项元汴，清乾隆年间流传至乾隆皇帝，现为北京故宫博物院藏品。王济"夙工诗，能文章"，创作的传奇《连环计》，全剧三十出，演义东汉董卓、吕布、王允、貂蝉的故事，风行一时，后人誉之为"妙品""雅品"。喜欢戏曲的王济养有"家班"，待之甚厚。如此横山堂，引来无数文人雅士相与聚集，歌咏不绝。如吴中祝允明、文徵明、黄省曾等名士，皆为横山堂座上客。文徵明赋有一诗《横山堂小咏》："雨涤山容湿未干，野云流影入栏杆。泉声漱醒山人梦，一卷残书竹里看。"如今的横山堂遗址已是一片田野，在沧海桑田的流变中，只能通过文字记载遥想旧时的盛景。

崇德县望族吕炯，字心文，号雅山。嘉靖三十四年（1555年）举人，万历初出任泰兴知县，仅约三月即辞官归里。明隆庆年间，性喜竹石的吕炯在宅第之北构筑友芳园，修竹花卉，亭阁池桥，山坡石壁，步行景移，极是雅致。官至汉阳太守的华亭画家孙克弘于隆庆六年（1572年）以友芳园石几亭为中心，绘画了《长林石几图》长卷，展现了明代私家园林之形胜风貌，今藏于美国旧金山亚洲艺术博物馆。万历年间，吕炯对友芳园进行拓建完善，丰富园景，又在城外筑别业五柳庄。晚年的吕炯在友芳园、五柳庄藏书读书，交朋会友。友芳园中藏有"法书、名画、鼎彝"，他于亭中闲坐焚香，展卷阅读，如《老子》《易经》《离骚》等。所交游者孙克弘、宋旭、欧大任、王世贞、王稚登、莫是龙、屠隆等，皆当世名士。旧志载其博学好修，慷慨好义，即使到了晚年，在家道日落之际，仍扶贫济困，施予不倦。吕炯去世后，文坛领袖王世贞为他撰写了墓志铭，称其"近侠而儒，薄吏而循，饮酒赋诗，达生任真"，可见吕炯之性情为人，以及他与王世贞的深厚友情。

青镇有位贫寒书生徐震亨，字子勇，号乾一。他幼年失父，奉母训刻苦攻读，十六岁时补庠生，少年秀才名闻乡里。徐震亨喜欢收藏古今书籍、法书、名画，凡所涉之书，无所不读，尤其醉心于《易》。他筑室于青镇芙蓉浦上，匾其额为"溪南草堂"，经常与同社诸子读诗赋诗。芙蓉浦是青镇一处名胜之地，宋代诗人陈与义在此筑室读书，会友赋诗，徐震亨传承了这份飘逸的书香。溪南草堂之东轩，题额曰"声最斋"，徐震亨引《经钥堂集》如是诠释：

> 松声、涧声、山禽声、夜虫声、鹤声、落子声、雨点阶声、雪洒窗声、煎茶声，皆声之至清，而读书呻吾声为最，闻他人读书声已极可喜，闻子弟读书声则喜又不可胜言矣！

读书声最悦耳。读书人的可爱正在于此：挚爱与痴心！

明末，运河塘北的永新乡荷花池盛氏无逸楼与白马塘丘氏宅、凌家砖桥吴氏宅并称为桐邑"塘北三楼"。盛氏先祖盛度（968—1041年），字公量，宋时以进士入仕，官至太子少傅，卒后谥号"文肃"。其次支自杭州迁居长兴，明初迁居永新乡。盛氏家族重视教育，书香传家。

明嘉靖年间，执掌家业的盛兰（字南谷）构筑无逸楼，"高五丈许，木植弘壮，雕墙峻宇，画栋回栏，如竹苞松茂，所费不赀"（盛燨《前朱里纪略》），盛兰之子盛国祯匾额为"远瞻无逸"。这是盛家的藏书楼，也是盛家子孙读书处。万历二年（1574年），神宗皇帝诏赠盛兰为鸿胪寺登仕郎，表彰其"躬耕积善，尚义喜施，贻尔后人，职兹典客"，令盛氏家族荣耀至极。

盛国桢，字子卿，号小谷，仕为南京鸿胪寺序班。

天启年间，盛氏之盛延佑，字奕卿，号三谷，出任山东济宁州州判，兼抚鱼台、嘉祥两县，后升河南布政使司经历，未赴任而致仕。崇祯初与复社杨廷枢、吴扶九等人结社于无逸楼。盛延佑不仅资助复社经费，还聘请复社成员江苏金坛人周钟前来荷花池，坐馆无逸楼。周钟一边执教盛氏子孙，一边整理复社文献。

在崇祯年间，乡野之地的无逸楼，名流咸集，书香飘逸，成为复社在浙江的重要活动场所。

二

明清鼎革之后，石门、桐乡两县涌现了更多的藏书处，还有誉满九州的刻书处。

吕留良的天盖楼，吴之振的鉴古堂，鲍廷博的知不足斋，他们或藏书或刻书，在清康乾年间引起朝野震动，上至皇帝，下至逸民，几乎天下皆知。其传奇往事，此处不予展开衍说。

清初桐邑最著名的藏书楼是裘杼楼，藏书逾万卷，时为浙西之首。以业盐致富的徽商汪可镇在明末从休宁迁居桐乡县城，其子汪淇，随父经商，生有四子，伯文桃，仲文桂，叔文梓，季文柏。

汪氏兄弟生长在家境富裕、崇文重教的家庭中。长兄汪文桃（1638—1687年），改名汪矗，仕任广东高州府通判。汪文桂（1650—1731年），原名文桢，字周士，号鸥亭，以嘉兴府岁贡生考授内阁中书舍人，未仕归里。平生好藏典籍金石，耽山水，喜吟咏，著有《鸥亭漫稿》《六州喷饭集》。汪森（1653—1726年），原名文梓，字晋贤，号碧巢，筑有华及堂、碧巢书屋。康熙十一年（1672年），他以拔贡入仕，奔走于广西、河南等地，历任知县、通判、知府、刑部山西司员外、户部江西司郎中等职。告老还乡后，以藏书、刻书、著书为乐，成果颇丰，所著《裘杼楼藏目》，可见其藏书之富。汪文柏（1659—1725年），字季青，号柯庭、柯亭，康熙年间以附贡生任京城北城兵马司正指挥，改行人司行人。三年后归里，其摛藻堂、拥书楼、古香楼皆风雅之所，所藏典籍古物超过两位兄长。好书画，精鉴赏，工诗词，著有《柯庭文薮》《柯庭乐府》《柯庭余习》《杜韩集韵》等书。

恪守母训"学宜精进，志宜远大"的汪文桂、汪森、汪文柏皆为读书种子，与大批当世名士往来甚密，世称"汪氏三子"。一代大儒黄宗羲在《汪氏三子诗·序》中写道："休阳汪周士、晋贤、季青三子皆天下才，而爱风雅，喜读书。侨寓桐溪画溪，海内之名宿，闻其风者，多操舟到门，结交而后去，顾非今世坊社之气习比也。"

"汪氏三子"中，尤以汪森为最，他无论外任为官，还是归里居家，或搜集遗书，或借抄经籍，或攻读校勘，终年不辍。

汪森记述过一则搜书轶事，那是在康熙十四年（1675年）二月，他与仲兄文桂泛舟至濮院，看到有居民在街边卖旧书，便全部买了下来。回家翻捡，发现一部钞本，原来是《尚书详解》，虽然边幅有鼠啮痕迹，纸张有破烂，但还是能够辨别字画。兄弟俩欣喜不已，"录而宝藏之"。那一年，汪文桂二十六岁，汪森二十三岁，从中可窥年轻的汪氏兄弟于藏书之痴迷。

汪森在广西任上时，有感于广西本土没有一部文学总集，便广泛收集郡邑志乘及文献载籍。康熙四十一年（1702年）春，他丁母忧归里，两年间杜门不出，并得老友朱彝尊曝书亭藏书相助，编成《粤西诗载》《粤西文载》《粤西丛载》三书，总名为《粤西通载》，于康熙四十三年（1704年）前后分别刻行问世。汪森希望通过这部文献，"俾粤西之山川风土，不必身历而恍然有会；其仕于兹邦者，因其书可以求山川风土之异同，古今政治之得失；且以为他日修志乘者所采择焉"。三百多年来，《粤西通载》成为广西地方史研究不可或缺的珍贵文献。

汪森与秀水朱彝尊合编的词总集《词综》，由裘杼楼刻印。又与嘉兴沈进合编《明词综》，与吴江俞南史审定《唐诗正》等，不断致力于传承古代文化。同时，汪森还撰有多种著作，如《华及堂诗稿》《华及堂续稿》《华及堂视昔编》《裘杼楼诗稿》《小方壶文钞》《桐溪新咏》等十余种。其中《小方壶存稿》由朱彝尊撰序，可见他们之间的友情。

"遗书万卷细披寻，裘杼楼中有嗣音。"汪氏裘杼楼书香绵延，到了第四代，汪孟锎、汪仲铪兄弟于乾隆十五年（1750年）同时中举。十六年之后的乾隆三十一年（1766年），汪孟锎折桂登第，成为汪氏家族迁浙以来的第一个进士。这一代埋首于书海，不善于营商，富裕的家庭逐渐贫困起来。汪孟锎长子汪如藻（1741—1797年），字念孙，号鹿园，乾隆四十年（1775年）进士。在四库馆征书后，汪如藻两次献出汪家藏书，名列全国献书十家，获乾隆皇帝谕旨表彰，赐《佩文韵府》一部。汪孟锎季子汪如洋（1755—1794年），字润民，号云墅，出为英年早逝的汪仲铪之嗣子。乾隆四十五年（1780年），他进京赶考，高中会元、状元，崇文重教的汪氏家族于此达到顶峰。

然而，位于桐乡县城的裘杼楼藏书在乾隆中期开始散佚，逐渐零落。状元汪如洋赋诗叹曰：

> 书楼裘杼太荒凉，转徙真如传舍忙。
> 但使征帆归皂驿，终思葬地指桐乡。

历一百多年时光，与天一阁齐名的裘杼楼，宏富的藏书荡然无存，最终只遗一座空楼，宁不教人叹惜！

居于桐乡县城的金氏家族亦由休宁迁徙而来，到了第三代时，出现了一位藏书家、学者，他就是金檀（1765—约1826年），字星轺，家有文瑞楼。痴迷读书的金檀喜欢聚书、藏书，如遇到善本，即使对方开价再贵，他也会毫不吝啬地买下来，有些志在必得却不能如愿购回的珍籍，他便设法借来，亲笔抄录。如此积累数十年，使文瑞楼的藏书越来越丰富，且颇多善本佳椠，如宋刻本《孟浩然集》、元刻珍本《皇元风雅》、旧抄本《丁鹤年诗集》及《汉泉曹文贞公集》等。县志记其"收藏之富，甲于一邑"。

金檀对明初高启（字季迪，号槎轩）之诗情有独钟，"余雅喜先生诗，又自惟诗学荒废，不足深味其妙，屡购诸本，校其讹字，因以次注释，发一难，得一解，古人所谓注诗诚难，常心识之，终愧见闻寡陋，鲜就正以决择。凡四易寒暑，始获告竣，不惜较《清江》《巽隐》之订，迟之久而始出者也"。他经过四个春秋的辑注，完成了《青邱高季迪诗集》，并付梓印行。金檀尤其关注乡邦文献的搜集、校勘，先后刊刻了《贝清江集》《程巽隐集》。贝清江，原名贝琼，师从元代杨维桢，博闻广识，诗文俱佳，清初名士朱彝尊谓其诗"足以领袖一时"；程巽隐，原名程本立，明建文帝时期官至都察院左佥都御史。程本立少有大志，明洪武初秀才，致力程朱之学，亦诗亦文，《四库全书总目》评价曰："本立文章典雅，诗亦深稳朴健，颇近唐音。"金檀还有意访购鲍恂（字仲孚）《西溪集》，然遍寻不得。

康熙四十八年（1709年），人到中年的金檀迁至江苏太仓，晚年徙居苏州之桃花坞盍簪坊。

清乾隆年间，桐乡金氏著名的藏书处是桐华馆，主人乃金檀从孙金德舆（1750—1800年），字云庄，号鄂岩。金德舆是遗腹子，自幼聪慧，七岁能诗，性嗜读书，且工书画。

金德舆结识的忘年交、画家方薰（1736—1799年）学问渊博，吟诗作画，精于鉴赏，但家境贫寒。金德舆聘其坐馆于家，教授金氏子弟，一方面使方薰家庭生活无后顾之忧，另一方面两人经常在一起鉴赏书画，切磋技艺。方薰不仅赏析、临摹金氏收藏的名家画作，而且通过金德舆认识了许多书画名士，由此视野开阔，画艺精进。方薰的成名画作《太平欢乐图》，就是金德舆与他一起商定的选题，然后采风、构思、绘制，金德舆还请人撰写了配图小记。乾隆四十五年（1780年）春，乾隆皇帝第五次南巡，经京杭大运河行至桐乡，金德舆呈献了《太平欢乐图》及家藏宋版《礼记》，皇帝龙颜大悦，赏赐缎匹。这一年，金德舆三十一岁。嗣后，金德舆赴京，官刑部奉天司主事，不久因母亲病重归里，结束了短暂的仕途生涯。

邑志记载金德舆宦游京师"数年告归，筑'桐华馆'于邑中，延至四方名流，极谈燕唱酬之乐"。他广搜善本，精心校勘，完成了《三国志刊误》《东观汉记》《后汉书年表补》《汉兵志》《唐书直笔》《旧闻证误》《史纠》《唐史论断》八种著作，总名为《史翼》。包括《九经三传沿革例》，桐华馆所校刻的一系列书籍，是藏书家金德舆作出的文化贡献。他还著有《桐华馆诗》（二卷）、《桐华馆文》（一卷）、《酿春词》（一卷）。

金德舆生平豪爽，济贫扶困，毫无啬色，渐至家道中落。晚年侨寓西湖，时常典质家藏书画，与老友诗酒流连，手有余钱仍慷慨济人。金德舆与寓居青镇的藏书家鲍廷博志同道合，往来甚密。嘉庆五年（1800年）某日的一个黄昏，鲍廷博来访，两人一起喝酒，未料金德舆突然倒地不起，猝然辞世，时年五十一岁。鲍廷博记曰："方与余晚酌，烛未见跋，把杯一笑而逝。"并以诗悼念这位老友：

誓向西湖毕此生，无端一语我心惊。

老轻书画兼金值，死避穷愁两字名。

诗卷新排宁有意，酒杯笑掷已无声。

电光石火须臾景，除是斜阳写得成。

清代之桐乡，还有梧桐之贮云居、思茗斋、读画斋，乌镇之珠村草堂，濮院之延古堂、浣雪居，洲泉之南泉书屋……皆当时的藏书之所、风雅之处，使馥郁的书香弥漫在这方水乡平原。

天盖楼吕留良

清初吕留良之天盖楼，是江南学术思想的一方重镇。吕留良（1629—1683年），字庄生，号晚村，清初著名诗人、学者、思想家。天盖楼是吕氏友芳园中的一幢旧屋，成为吕留良刻书的出版中心。

一

吕留良曾祖父吕相，明嘉靖四年（1525年）出任鄱阳县主簿，嘉靖十二年（1533年）调瓯宁县主簿，擢沔阳州通判，后致仕归里。吕家在崇德县世代经商，经营有方，在吕相那一辈家产"盛至倾邑"。祖父吕熯，娶淮庄王朱祐楪长女南城郡主为妻，为淮府仪宾，吕家成为明王室宗亲。隆庆五年（1571年）吕相去世，吕熯与郡主一起上书请辞岁禄，归里奉养老母，故晚明名士冯梦祯在《吕南城郡主行状》中感叹道："南城郡主，以王姬之贵，愿奉其姑；仪宾吕某，弃戚畹之荣，恩养其母。"这是明代开国以来宗室首开郡主随仪宾回籍侍亲的先例。父亲吕元学，万历二十八年（1600年）举人，官繁昌知县。崇祯元年（1628年）九月吕元学去世，四个月后遗腹子吕留良出生，寡母杨氏体弱多病，吕留良便由同父异母的三兄吕愿良夫妇养育。吕留良三岁时，三嫂不幸病亡，过继给堂伯父、鸿胪寺丞吕元启为子。

吕留良十三岁那年，生母去世。一代大儒的成长，是如此的"苦其心志"，令人感叹不已。

吕留良三兄吕愿良，字季臣，是一位颇具才干的社坛领袖。崇祯十一年（1638年），他在崇德县与文友主持澄社，浙江南部十余郡千余人参与，往来聚会，征选诗文，盛极一时。后来，吕留良在《东皋遗选·序》中如是描述："其合十余郡为征会者，莫盛吾兄季臣与诸子所主持之澄社。"如此盛大的文化雅集，在少年吕留良的心中留下了深刻的印象，播植了文化的种子。

在明清鼎革之际，吕愿良参与了南明政权的抗清斗争。青年吕留良与侄子吕宣忠散家财募义勇，支援武装抗清。他在一次战斗中左股中箭，侄子吕宣忠被捕遇害，清兵屠戮江南军民，繁华城镇满目废墟……家仇与国恨，成为吕留良反清复明的思想底色。

顺治八年（1651年）三兄吕愿良病故后，吕留良的处境日益艰难。他迫于时势，为免遭仇家构陷，便易名光轮，于顺治十年（1653年）参加了科举考试，二十五岁的他成了清朝秀才，忙碌于结社、交友、吟诗、评选时文。

顺治十八年（1661年），仲兄吕茂良唯恐小弟"驰骛而渐失先人之志"，便督责吕留良设馆于城西梅花阁，执教子侄。吕留良作有《梅花阁斋规》，体现其教育思想与教育主张。

康熙二年（1663年），余姚名士黄宗羲应聘至吕家，坐馆梅花阁。在江山易主的关头，热血书生黄宗羲与弟黄宗炎变卖家产，组织世忠营，武装抗清，名播浙东。抗清败北后，黄宗羲隐于山林，处馆为生，同时治学著书，坚持不懈。康熙五年（1666年），吕留良以三千两银委托黄宗羲代购山阴祁氏澹生堂藏书三千余册。康熙八年（1669年），桐乡名士张履祥应聘至吕家东庄的南阳讲习堂设馆授徒。清同治、光绪年间，张履祥、黄宗羲先后从祀于孔庙，两位大儒

吕留良画像

于康熙年间分别执教吕家，毫无疑问是家塾教育的天花板了。

二

吕留良于顺治十年（1653年）获取的秀才身份，是他引以为耻的"失脚"行为，成为他的一块心病。时隔十三年后的康熙五年（1666年），他弃诸生而与清廷决裂，被革除了秀才身份，"一郡大骇"，许多文朋诗友避祸散去，他却怡然自得地归隐南阳村，从此绝意科举仕进。

吕留良以七律《即事》明其心迹：

> 僮无人色婢仓皇，底事悬愁到孟光。
> 甑要不全行莫顾，簏如当易死何妨！
> 十年多为汝曹误，今日方容老子狂。
> 便荷长镵出东郭，豆花新紫菜花黄。

吕留良如释重负之情、回归本色之志跃然纸上。

吕留良以水生草堂为读书处，力行堂为讲习处，而天盖楼则是刻书处，形成了隐逸书生安身立命的一方天地。因此，在他身边汇聚了一大批志同道合的江南名士，如黄宗羲、黄宗炎、高斗魁、张履祥、陆陇其、吴之振、吴尔尧、何商隐、张佩葱、查慎行、严鸿逵、沈在宽等。尽管后来由于各种原因，吕留良与黄宗羲产生龃龉，情分淡薄，甚至分道扬镳，但是他们当初交往的感情是真挚的。时至今日，阅读他们的诗文，依然可以感知那种友情的灼热温度，并未如烟消散。吕留良"平生以朋友为性命"，若已非同道中人，则是眼里容不得沙子，必江湖两忘各东西。

明亡之殇，深深萦绕在吕留良的心头，他与大批明朝遗民一样进行了深层次的沉痛反思，并开展多角度的学术探讨。吕留良主要通过评选时文，举起"夷夏之防"和"尊朱辟王"两面大旗，系统阐发他的政治、学术思想，倡导华夏民族气节，宣扬儒家民本传统，批判君主专制。"夷夏之防"论，传承《春秋》大义，其中心观点是"华夷之分大于君臣之伦"，"华夷中外之别"，这对于入主中原的满清而言，是危及其统治基础的思想言论。而"尊朱辟王"论，吕留良认为明正德、嘉靖以来，"邪说横流，生心害政，至于陆沉，此生民祸乱之原，非仅争儒林之门户也"，"姚江（王阳明）之罪烈于金溪（陆九渊）"（吕留良《复高汇旃书》），以"王学误国"而尊崇"朱学明道"，笃信朱学而宗孔孟。以今而论，把元灭宋、清灭明归罪于思想学术，而不是从政治制度上去总结与追究，乃古代士大夫普遍的思想局限性。

吕留良于康熙二年开始与吴之振、吴尔尧一起选编宋诗。作为发起者、组织者和参与者之一，他所期望的不仅仅是在文学艺术上"就诗论诗"，而是寄托了深沉的故国情怀，如他在《题〈如此江山图〉》诗中所写的"悲歌亦学宋遗民"，这正是他选编宋诗的思想之源。康熙十年（1671年）八月，《宋诗钞初集》由吴之振的鉴古堂刻竣印行，旋即在"尊唐黜宋"的清初诗坛产生了巨大的影响。

吕留良的时文评选，如《天盖楼偶评》《天盖楼制艺合刻》《大题观略》《小题观略》《程墨观略》及程朱遗书等著作，在天盖楼付梓成书，一卷又一卷，一部又一部，通过南京承恩寺书坊发售，辐射至海内外，从而使其"身益隐，名益高"。

康熙十七年（1678年），清朝开博学鸿词科，浙江首荐吕留良，他固辞得免。康熙十九年（1680年），朝中征聘山林隐逸，嘉兴复荐吕留良，他削发为僧，隐居讲学。吕留良在康熙五年弃其秀才功名后，任何来自清朝官方的荣耀，他都不接受，其决绝的姿态一如既往，直至生命的最后一刻。

归隐守节，是吕留良在清康熙五年后矢志不渝的人生选择。天盖楼刻印出版的一册册书籍，使他始终显现在当时中国学术思想的前台。

三

隐于乡野的吕留良藏书、著书、刻书、售书，其"不顾世所讳忌"的时文评选著作风行于世，在生前名声大噪，并获得了稳定的经济保障，然而在他身后却给自己与家族带来了一场惨祸。

雍正六年（1728年）九月，湖南人曾静"反清案"发，而曾静反清的思想来自吕留良的时文评选。经过雍正皇帝历时四年三个月的"出奇料理"，于雍正十年十二月十二日结案，颁下谕旨："吕留良、吕葆中俱着戮尸枭示，吕毅中着改斩立决。其孙辈俱应即正典刑，朕以人数众多，心有不忍，着从宽免死，发遣宁古塔给与披甲人为奴。倘有顶替隐匿等弊，一经发觉，将浙省办理此案之官员与该犯一体治罪。吕留良之诗文书籍，不必销毁；其财产令浙江地方官变价充本省工程之用。"在劫难逃的还有严鸿逵、沈在宽、车鼎丰、车鼎贲等一大批弟子、门生、追随者。

这一年，距离清康熙二十二年（1683年）八月十三日吕留良病逝已近半个世纪了。吕氏罹祸蒙难，惨烈至极。满清以武力征服立国，以文化专制立威，从顺治、康熙到雍正、乾隆，发生文字狱一百六十多起，尤以乾隆为最，制造了一百三十多起文字狱，以此起彼伏的惨案，不断打击汉族士子的民族气节，实行思想控制，维持威权统治。乾隆皇帝即位之初，便将雍正皇帝赦免的曾静、张熙凌迟处死，并诏

崇福镇中山公园吕晚村纪念亭 / 吴富江摄

谕禁毁吕留良的著作，还在乾隆三十八年（1773年）将流放在宁古塔的吕氏后裔再次流放到卜奎（今齐齐哈尔市），由天盖楼时文评选刻本引发的这场腥风血雨，至此才画上了一个无比惨痛的句号。

清代名士郑板桥乃"康熙秀才，雍正举人，乾隆进士"，作为那一代文人，他经历了一波又一波的文字狱，深知包括吕留良等文人所遭受的悲剧。吕留良"尊朱辟王"，郑板桥反对独尊程朱，尽管思想不同，但并不妨碍他对吕留良才艺的欣赏与推崇，在摹刻吕留良"游好在六经"一印后，不禁赞叹："先生自批点文章而外，尚有二十四绝技，如医学、女工、驰射，皆精妙绝伦。"在禁毁吕留良所有著作的乾隆年间，郑板桥能够以此表达对吕留良的高度敬意，需要极大的勇气和胆识，体现了他特立独行的姿态。

"为民族争存，碎尸无憾；以文章报国，没世勿谖。"这是民国时期学界泰斗蔡元培对吕留良的赞誉。于今思之，隐于文字背后的沉重历史，令人痛惜而泪目。

今日崇福之中山公园中，辟有一座吕园，精巧而安静。徘徊于吕晚村纪念亭前，脑海中浮现三百多年前吕留良于书斋中奋笔疾书、在天盖楼刻印著作的情景，耳畔回响起国学大师陈寅恪为另一位国学大师王国维纪念碑铭所写的一段话："惟此独立之精神，自由之思想，历千万祀，与天壤而同久，共三光而永光。"

"独立之精神，自由之思想"，这正是吾邑大儒吕留良的毕生追求，也是康熙年间天盖楼刻局的人文光芒。

步陟岩廊别一区，书堂初景咏含苏。

宋诗钞亦宛在架，之振可知今日无。

这是乾隆皇帝所写的诗《鉴古堂》。

康熙年间，浙江嘉兴的石门县有两家著名的刻书局：吕留良的天盖楼，吴之振的鉴古堂。乾隆皇帝对天盖楼恨之入骨，禁毁吕氏所有著作，而对鉴古堂褒扬有加，只因一部宋代诗集《宋诗钞》。

一

来自洲泉吴氏的吴之振（1640—1717年），字孟举，号橙斋，儿时随父母迁居县城崇福镇之西横街。

吴之振居横街守愚堂，"守愚堂，橙斋公宅，在石门西门内西横街，第五进，濒河架木为桥，后门通街，直对五桂坊弄，中有兰庆堂，左偏玉纶堂，右偏橙斋书室、寻畅楼，毗连鉴古堂，亦有五进"。时隔两百多年后的光绪二年（1876年），吴学浚在撰修《洲泉吴氏宗谱》中如是记载。当时他看到的吴宅已只存守愚堂、兰庆堂、玉纶堂以及门楼、照厅了。然而，即使橙斋书室、寻畅楼、鉴古堂或移姓，或别用，或消失，今天的我们通过吴之振及其朋友圈的赋诗唱和，依然能够看到橙斋书室中吴之振埋首攻读、寻畅楼上文人雅集、鉴古堂里悉心刻书的旧时情景。

顺治十年（1653年），年仅十四岁的吴之振参加了童子试，与年长十一岁的吕留良相识，又是同邑中人，吕留良如兄长一般对待吴之振，"橙斋以妙年颉颃其间，晚村每事引之为助，遂订终身交"。吴之振十七岁开始向吕留良学习诗歌写作，有诗记之："十七从君学赋诗，东涂西抹总迷离。庐山面目依然在，留得芒鞋却待谁。"吴之振的父亲吴尚思于顺治六年（1649年）去世后，由母亲范氏执掌家业。作为一位"内综家政，外持门户"的母亲，她知人识心，十分信任吕留良，叮嘱儿子："朋友中如吕留良宜深交，言必听，事必商，可无失。"在弥留之际，还把吕留良请至病榻前，涕泪交下，诚切托孤："吾止此一子，幼失父无教，其言行未尝一当。今吾无可托者，以属之子，其善教之。"吕留良含泪敬诺。因此，吕留良在《与沈廷起书》中说"昔弟与孟举，非寻常悠泛之友也"。

作为一个浙派青年诗人，吴之振"年十六七，始交晚村，又共摹初、盛唐，互相舂错，后乃数变而为宋人苏黄之诗"（《晚树楼诗稿·序》）。他爱上宋诗，尤其折服于苏轼、黄庭坚，对清初的尊唐黜宋之风甚是不满。康熙二年（1663年）初夏，在吕留良的水生草堂，吴之振与吕留良、吴尔尧（字自牧）一起谈诗论赋，有感于宋诗"向无总集，亦无专选"，便商议选编宋诗。其时，四明高斗魁来访吕留良，余姚黄宗羲应聘坐馆吕氏梅花阁，二十四岁的吴之振认识了这两位名士，在水生草堂相与聚集，既唱和相酬，又合选宋诗，不亦乐乎。

吴之振从少年至青年时期，先后结识的吕留良、黄宗羲，是他朋友圈中最重要的两个人物。吴之振出生于明崇祯十三年（1640年），在李自成攻陷北京、崇祯皇帝自缢煤山那一年，他才五岁，垂髫童子当然

吴之振画像

没有明朝遗民的亡国之痛。长大以后，他经常与吕留良、黄宗羲、高斗魁等饱学之士在一起，思想上受到他们的一定影响，如在《再咏〈辋川图〉次韵》中写有这样的诗句："君不见残山剩水莫悲歌，朽绢败纸为身累。不如与君领略盆池山，沃君醇醪拭君泪。"但更重要的是高士大儒对文学艺术的独特见解，拓宽和丰富了吴之振的艺术视野，他决意选编宋诗的壮举，亦得到了他们的鼎力襄助，"联床分檠，搜讨勘订，诸公之功居多焉"（吴之振《宋诗钞·凡例》）。

康熙二年（1663年）秋，吴之振前往杭州参加乡试，这位顺治十年的少年秀才名落孙山，回家后专注于宋诗的选编。

康熙三年四月底，黄宗羲偕同吕留良、吴之振等人前往常熟，探视病重的钱谦益（字受之，号牧斋），年轻的吴之振认识了这位明末清初的文坛领袖。作为南明的礼部尚书，钱谦益先是迎降清军，继而反清复明，是前朝遗民易代之际复杂心路的典型代表。尽管他在政坛上进退失据，但文坛宗主的地位举世公认。黄宗羲一行往访不到一个月，钱谦益去世，享年八十三岁。随后，他的侧室夫人、"秦淮八艳"之一柳如是追随而去，一代才女年仅四十七岁。就在这一年，明末清初的嘉兴藏书家、刻书家高承埏（1603—1648年）的家人有意出售三千余卷藏书，大多为抄本。黄宗羲深知这批藏书的价值，便力劝家境富裕的吴之振出资购买下来，由此丰富了守愚堂的藏书。后来，黄宗羲在《天一阁藏书记》中这样写道："余在语溪三年，阅之殆遍。"

康熙五年春，吕留良辞弃诸生，表达了与清廷决裂的姿态。时年八月，吴之振再次前往杭州参加乡试，没有江山易主思想重负的他，具有与吕留良不同的抱负，他所期冀的人生道路是通过科举获取功名踏上仕途。然而，少小聪颖的他在科场上屡不得志，铩羽而归。

随后的岁月，吴之振的朋友圈发生了重大变化。吕留良弃其秀才身份后，隐居南阳村，以提囊行医、评点时文为生；黄宗羲与吕留良因为澹生堂购书、刘宗周遗书刻印诸事而失和，康熙六年春节过后，黄宗羲未再出现在吕家学馆，而是移馆他处；寓居崇福的高斗魁行医卖药，于康熙九年（1670年）五月去世。水生草堂名士汇集、意趣相投的欢畅时光一去不复返了。

两次乡试落榜的吴之振与吴尔尧一起把全部精力投入选编宋诗的工作中，"补掇校雠，勉完残稿"。

二

康熙十年（1671年）八月初一，吴之振在鉴古堂书写《宋诗钞·序》，待最后一个字落定，他将笔一掷，长舒一口气。历时九年的漫长时光，搜集，甄选，校勘，刻印……在他度过了而立之年后，大功终于告成，无论如何这是值得欣喜的大事，而"宗宋诗、主性情、重学问"的风向将对清代诗坛产生重要影响。

明代中叶至清初，"文必秦汉，诗必盛唐"，而《宋诗钞·序》认为，"宋人之诗，变化于唐，而出其所自得，皮毛落尽，精神独存"。我相信这是本书编选者的共识——此序乃由吕留良撰成，署名吴之振。选编宋诗，对吕留良、黄宗羲、高斗魁等人而言，则潜藏着另外一层思想。宋人与异族争斗一百五十多年，从"靖康之难"到"崖山覆亡"，生死图存，血泪交加，这种悲怆与屈辱之情投射到清初的明代遗民心中，将家国情怀与学术思想寄情于宋诗，唤醒故国意识，激扬民族气节，无疑是最佳的切入点。至于宋诗的编选准则，《宋诗钞·序》与《宋诗钞·凡例》表达得十分鲜明："尽宋人之长，使各极其致，故门户甚博，不以一说蔽古人。""一代之中，各家俱存；一家之中，各法俱在。"

与吴之振、吴自牧晨夕相处的吕留良，在康熙五年后没再承担选

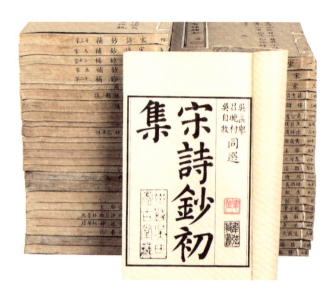

《宋诗钞初集》书影（洲钱吴氏鉴古堂藏）

《宋诗钞》书影（四册，中华书局出版）

编宋诗的具体事务，尤其是在康熙八年（1669年）七月桐乡张履祥应请前来吕家东庄设馆讲学后，他专心于"尊朱辟王"的时文评选。但是，作为选编宋诗的发起者、组织者和参与者，他倾注了大量的心血。《宋诗钞》共选宋诗一百家，实选八十四家，收诗一万二千余首，存目十六家。吕留良为八十二家诗人写了小传，融介绍与评价为一体，短小精悍，足显见识。其执掌的天盖楼还承担了这部诗选的部分刻印工作。

康熙十年（1671年）八月，由吴之振、吕留良、吴自牧同选的宋诗集，以《宋诗钞初集》为名，在鉴古堂刻竣。八月十一日，吴之振带了数十部《宋诗钞》乘舟北上京城。

在上一年中秋，吴之振首次去北京，来了一场说走就走的长途旅行。在京杭大运河上，他昼行夜宿，领略运河、黄河及北方的风土人情，感受远行中如运河之水一般滔滔不绝的乡愁。

吴之振首次北漂，是搜辑宋诗，还是求取功名，抑或两者兼而有之，无论是怎样一种目的，北漂半年的历练，使吴之振开阔了眼界，放飞了心情。在往返途中，他写下了一百多首诗记述行旅，诗艺更上一层楼。在《登金山寺》中，他这样抒其心志：

> 收拾烟峦四望攒，山腰斜处一凭栏。
> 笔端已挟风涛壮，眼界方知天地宽。
> 低亚女墙围佛院，丁冬斋鼓隐经坛。
> 辘轳不汲中泠水，何用丰碑被汝谩。

"笔端已挟风涛壮，眼界方知天地宽。"这就是吴之振运河之旅的最大收获。

再次北漂的吴之振，相同的季节，相同的风景，不同的是心境。他已无心赏景，无意写诗，唯一重要的是尽快赶往京城。

吴之振赶到京城，首先去见了姻亲劳之辨，写了一首诗《抵书升寓即席口占并怀裔三》以记之。劳之辨，字书升，康熙三年（1664年）进士，时任户部主事，监督通州中南仓。

带了数十部《宋诗钞》进京的吴之振，在劳之辨的介绍下认识了许多京城文人，一开始只是小心翼翼地试探京城文化圈对于宋诗的态度——后来，他在《八家诗选》序中回忆道："余辛亥至京师，初未敢对客言诗，间与宋荔裳诸公相游燕，酒阑拈韵，窃窥群制，非世所谓唐法也。故态复狂，诸公亦不以余为怪，还往唱酬，因尽得平日所作而论次之。"就这样，吴之振大胆地把《宋诗钞》分赠给文坛中人。无论是清朝新贵，还是明代遗民，都对这部诗集表现出异常的热情。《宋诗钞》轰动了燕京的文坛中心，影响力不断辐射。来自浙江的青年诗人吴之振如同一颗明亮的新星冉冉升起，誉满京师。

上一年，吴之振在京过春节，籍籍无名；一年后，吴之振在京过大年，诗酒流连。

吴之振少时结交吕留良，因此认识了黄宗羲等明朝遗民，培植了他思想、艺术的根基。吴之振而立之年后，以《宋诗钞》扩大了朋友圈，华丽地跻身于清初诗坛。

春节过后，吴之振忽然决意返乡。客居京华数月间，以《宋诗钞》为媒介，吴之振广结师友，一颗拳拳诗心得到了共鸣，但在诗酒唱酬中，看到了他们复杂的思想状态和艰难的生存环境。京中新识的两位诗友在这段时间相继身亡：吴光，字迪前，号长庚，归安人，清顺治十八年探花，时为翰林院编修；郭演，字寅客，崇祯十五年举人，时任工部员外郎。"同时两执友，相继归黄垆"，吴之振倍感哀伤，出资料理了两友的丧事。另外，他感到难以通达仕途，庙堂之高远，终非栖身之所。当然，更重要的影响来自吕留良，吴之振两次赴京，吕留良亦诗亦信，或劝其慎入仕宦，或教其为人处世，或对其殷殷促归，体现了一个兄长的良苦用心。

得知吴之振即将南归，京城师友聚集梁园水楼，赋诗钱行。《赠行》诗册中有周弘、许宾、张鹏、李棠、刘谦吉、李天馥、姜希辙、陈祚明、陈廷敬、陈维岳、徐乾学、赵随、张玉书、陈论、田雯、李元振、黄瓒、卫既齐、蔡启傅、严我斯、高珩、王士禄、梁清标、严沆、王士禛、师若琪、沈皞日、陆元辅诸公，凡二十八人。从状元、榜眼、探花到进士、举人、贡生，都是饱学之士，文坛精英，大多数人又具有相当高的政治地位。一卷《赠行》诗，铭记了他们对《宋诗钞》的不吝赞誉、与吴之振的深厚文谊，成为清初文坛佳话。

三

吴之振归里后，精选王士禄、王士禛、宋琬、施闰章、陈廷敬、沈荃、程可则、曹尔堪之诗，辑为《八家诗钞》，于康熙十一年（1672年）在鉴古堂刻印行世。

康熙十四年（1675年），吴之振于县城西门外购买废圃两亩多，构筑园林，内有竹洲草庐、一笛楼、野航、老友亭、濯足亭……亭阁轩廊，花卉竹石，洵为风雅之地，取宋代苏东坡诗句"扁舟一棹归何处？家在江南黄叶村"而名"黄叶村庄"。他在此吟诗著书，会朋宴友，曲水流觞，人以"顾仲瑛之玉山，冒辟疆之水绘"相喻。

园丁在黄叶村庄的闲地上种菜，时年七月，连日好雨，"菜甲郁然"。吴之振心生欢喜，赋诗《种菜》两首，又自和两诗，分赠好友。三十六岁的吴之振以"种菜"表达了归隐之心，引来叶燮、黄宗羲、黄宗炎、汪琬、劳之辨等众多文坛名人的唱和。

吴之振的黄叶村庄，没有出现过吕留良的身影。吕留良与吴之振在顺治十年结交，亲密无间十五年，至康熙七年间两人失和，经同乡好友沈廷起等人"绾合"，和好如初。又过了五六年，到了康熙十二年，他们日益疏远。因为吴之振第二次赴京载誉还乡后，交游广，友朋多，吕留良认为他的许多行为非正人君子之途，直言批评他"声色太豪"，应该"闭门读书，谢绝一切"。吕留良是严苛之人，无论是对他人还是对自己；吴之振是厚道之人，周旋于世情，盘桓于宾朋。说到底，他们都是遵循内心、过自己生活的人。"朋友之伦，如君臣同，皆以义合，不合则止。"吕留良在写给沈廷起的信中如是说道，表明了他的交友原则，当然他也说自己是"迂戾无状"，疏远吴之振是他主动的行为，"今日但有弟负孟举耳，不可谓孟举负弟也"。

吴之振《种菜》诗之唱和集，吴尔尧取来给吕留良阅过，这应是吴之振的意思，他心中有这位老朋友，希望借机恢复旧好。吕留良阅罢，觉得"皆不堪置目，不禁失笑"，和诗两首，予以戏谑嘲讽。虽说"江湖浩浩，游乎两忘之乡"，心结终是难解，诉诸文字便是怨。从此之后，两人交集更少。

若干年后的康熙十七年（1678年）初秋，吴之振陪同衡阳人周士仪拜访吕留良，作《次晚村赠令公韵》。康熙二十年秋，吕留良在南阳村建成观稼楼，自赋七律四首，吴之振赋《次晚村观稼楼韵》四首。两位老友的冷漠之情，似乎有了回暖的迹象。康熙二十二年，五十五岁的吕留良病逝。吴之振有没有前往吊唁，史无记载。时隔一年，吴之振写了一首诗《读晚村病中赠金陵徐子贯诗有感次原韵》，借此表达了对亡友的哀悼之情：

> 廿年求友江南北，眯眼黄金著黑沙。
> 宿草迷离高士冢，残书零落故侯家。
> 微吟病榻诗犹壮，欹笔寒藤力转加。
> 秋气无端摇木末，空山猿鹤动咨嗟。

黄叶村庄图

"宿草迷离高士冢"，宿草，乃悼念亡友之辞。唐儒孔颖达疏《礼记·檀公》"宿草"曰："宿草，陈根也，草经一年则根陈也。朋友相为哭一期，草根陈乃不哭也。"

康熙三十三年（1694年），五十五岁的吴之振重阅旧时吕留良为他《寻畅楼诗稿》所撰的序，忽然悲从中来，老泪纵横。吕留良在序中写道："凡为诗文者，其初必卓荦崔异，继尔腾踔绚烂，数变而不可捉搦。久之刊落，愈老愈精，自然而成。今孟举方当卓荦崔异与腾踔绚烂之间，固宜其惊人如此……"他对吴之振是怀有深切厚望的，故昔日事无巨细皆殷殷劝诫，不负吴母所托，尽兄长之职。如两人失和前，吕留良在《寄吴孟举书》中所写的："近日友朋在此中，大约只争目前些小得失，不复知有平生品行，蝇营狗苟，真不可令冷眼人静处笑看。吾兄夙昔然，今更当高着眼牢踮脚，勿为所移惑也。"其时吴之振正在风头上，已难以接受大哥的严苛督责了。而在吕留良之后，吴之振再无如此诤友、如此畏友了，当时有怨，今日有悔，只恨时光不能倒流。吴之振诗艺有没有达到吕留良所期望的"腾踔绚烂"，他自己当然明白，百感交集之下，写了这样一段话：

> 此老友晚村序余癸丑以前作也。晚村墓有宿草，余年齿亦衰颓，学业日益荒落，重阅此序，念老友勉励之语，不觉泪渍于纸也。

按旧志记载，吴之振在康熙年间官内阁中书，未仕而归隐。给他带来巨大声誉的《宋诗钞》，在持续发挥溢出效应。康熙四十四年（1705年），康熙皇帝第五次南巡，在石门县城召见了吴之振，赐以诗幅："夜雨连朝春水生，娇云浓暖弄微晴。帘虚日薄花竹静，时有乳鸠相对鸣。"诗是宋代苏舜钦的《初晴游沧浪亭》，入选在《宋诗钞》，御笔临摹的是明代董其昌的书法。这首诗甚是契合吴之振隐居黄叶村庄之意境，他摹勒于石，立在黄叶村庄，铭记了这份来自帝王的恩宠。

吴之振一直有意编选《宋诗钞二集》。然而，今非往昔，再也没有康熙二年水生草堂中吕留良、黄宗羲、高斗魁这样的名士参与共商，鉴古堂再也没有刻印出《宋诗钞初集》这样名动天下的选本了。康熙五十六年（1717年），七十八岁的黄叶老人吴之振去世。其子吴宝芝后来回忆道："至《宋诗钞二集》，家大人手定者已五十余种，正在付梓，缘部帙尚少，搜罗未广，故未能成书。"

直到晚清，邻县海宁的两位藏书家管庭芬与蒋光煦合作选编了《宋诗钞补》，完成了吴之振生前的心愿。

20世纪80年代中期，中华书局根据《宋诗钞初集》与《宋诗钞补》，汇集校勘，总成《宋诗钞》四册，收录宋诗一百家——始自康熙二年（1663年），历三百多个春秋，吴之振、吕留良、吴尔尧选编宋诗的初心至此得以完整呈现。

　　　独有声名长不朽，表彰先哲惠来人。

清康熙十一年（1672年）初春，流寓京城的钱塘诗人兼诗论家陈祚明在送别吴之振还乡时写了一首《赠行》诗，这最后两句诗是他对《宋诗钞》的充分赞许，亦是清代以来中国文坛对《宋诗钞》的高度认可。

知不足斋鲍廷博

"学然后知不足"，这是《礼记·学记》中的一句话。清初寄寓杭州的徽州歙县商人鲍思诩以"知不足"命其斋名，购书藏书，这位"贾而好儒"的鲍氏冶坊、盐业主人生了一个儿子，即一代著名的藏书家、校勘家、刻书家，他就是鲍廷博（1728—1814年），字以文，号渌饮。

一

鲍廷博事亲极孝，深知父亲爱书嗜书，便备加留意、搜购前人的善本珍籍，以承父欢。作为商人的鲍思诩当然希望儿子踏上学而优则仕之路。乾隆十五年（1750年），鲍廷博补歙县庠生，此后以商籍两次参加乡试，皆未上榜。晚年他在答谢嘉庆皇帝的《恭纪》中如是说道："臣知识庸愚，未尝学问，曾两膺乡举，自惭制义不工，遂留心于典籍。"

鲍廷博没有能够"学成文武艺，货与帝王家"，对中国书林而言却是一桩幸事。他放弃了对功名的追求，全身心投入保存典籍、传播文化的事业中，终成一代书宗。

鲍廷博父辈时"所藏两宋遗集多至三百家"，家藏的珍贵古籍已十分可观，而沉浸在书林中的鲍廷博购书藏书，青出于蓝而胜于蓝，凡心仪的古籍，必千方百计购买回来。他与杭州的藏书家郁礼、赵魏等往来甚密，结为好友。嘉兴、湖州、苏州及大江南北的藏书家皆知鲍氏嗜书，如以珍籍异书来杭州出售，必至鲍家，请鲍廷博过目选购。鲍家以冶坊、盐业为生，经常重金求书，家中余钱难以支撑，不仅要节衣缩食，而且时需告贷解决。在这样的境况中，宋代谢翱《晞发集》、朱翌《猗觉寮杂记》、钱文子《补汉兵志》、龚明之《中吴纪闻》，元代许有壬《至正集》，明末清初黄虞稷《千顷堂书目》等著作先后插到了知不足斋的藏书架上。

不是所有的珍本都能够用钱收购的，抄书成为知不足斋藏书的重要来源。鲍廷博从青年时代开始抄书，终身不改，藉运河交通之利，他奔波于江浙，与各地藏书家结为好友，互相借抄古籍。宋代柴望及从弟随亨、元亨、元彪诗文集《柴氏四隐集》，李季可《松窗百说》，周辉《清波杂志》，李心传《建炎以来朝野杂记甲集》，元代鲜于枢《困学斋杂录》，明代朱珪《名迹录》，清代厉鹗《南宋院画录》以及后蜀何光远《鉴诫录》等一大批古籍就是鲍廷博一笔一画抄录下来的，增益知不足斋的藏书。鲍廷博因为长年累月地抄书，习得一手好字，行书飘逸，楷书秀美，洋溢着浓郁的书卷气息。

鲍廷博购书、抄书及其获得的友朋赠书，并不只是为了丰富藏书，而是要开展研究，致力传承。古籍校勘是鲍廷博孜孜不倦的学术工作，如抄本《松窗百说》，他历经四十六年，四度校勘；如抄本《鉴诫录》，二十余年间，他搜寻各家藏本参校互雠，正讹补缺。鲍廷博在《申斋刘先生文集跋》中说："王雪溪云：校雠是正文字，固儒者先务，然执一而意改者，所当慎也。盖一字之疑，后或得善本正之，若率意以改，即疑成实，传世行后，此字由我废，故学者所宜弛张变通也。"这是他校勘古籍的理念。正因如此，鲍氏校刻的书籍，深得藏家、学人信赖。

"君勤学耽吟，不求仕进，天趣清远。尝作《夕阳诗》甚工，世盛传之，呼之为'鲍夕阳'。元在浙常常见君，从君访问古籍，凡某书美恶所在，意旨所在，见于某代某家目录，经几家收藏，几次钞刊，真伪若何，校误若何，无不矢口而出，问难不竭。古人云'读书破万卷'，君所读破者，奚翅数万卷哉！"这是阮元《知不足斋鲍君传》中的最后一段话。阮元，字伯元，号芸台，江苏扬州人。乾隆六十年（1795年）出任浙江学政，嘉庆年间又两度抚浙。具有文人情怀的阮元在浙江任上致力于弘扬学术，培植文化力量。在其结识的浙江文人中，鲍廷博留给他的印象太深刻了，故在鲍廷博去世后为其写传，追忆这位著名的藏书家，盛赞其读书之广、校勘之深。

清乾隆三十八年（1773年）四月，鲍廷博命其子士恭经浙江巡抚三宝向四库馆进呈藏书，前后多达七百余种，都是他苦心搜寻而得的珍本。鲍氏知不足斋与范氏天一阁、汪氏飞鸿堂、马氏小玲珑山馆并称全国进呈书"四大家"。乾隆皇帝十分欢喜，在"四大家"呈书中选择精品，题诗勉励。鲍氏藏书《唐阙史》是一部笔记小说集，晚唐高彦休（号参寥子）撰，乾隆三十九年（1774年），御笔题诗曰：

> 知不足斋奚不足，渴于书籍是贤乎。
> 长编大部都庋阁，小说卮言亦入厨。
> 阙史两编传摭拾，晚唐遗迹见规模。
> 彦休自号参寥子，参得寥天一也无。

乾隆三十九年五月，乾隆皇帝颁赐鲍廷博《古今图书集成》一部；乾隆四十四年，又颁赐《伊犁得胜图》；乾隆五十二年，再颁赐《金川图》。

想必乾隆皇帝对知不足斋的印象太深刻了，想要见一见斋中主

知不足齋主人渌飲先生像

藏主壬寅七月青鎮戴衛中敬繪

鲍廷博画像 / 戴卫中绘

人。乾隆四十五年（1780年）春天，乾隆皇帝第五次南巡到了杭州，鲍廷博"迎銮献颂"，获赏"大缎二匹"。

鲍廷博以藏书屡承"皇恩"，可谓书林盛事，成为江南文人美谈。

二

> 若夫书，则为人精神所寄，而其人即天地灵气之所钟，虽为百物中之一种，而世之宝贵又不与珠玉货财同。盖珠玉货财，尽人而好。尽人而好也，则尽人得而有之，其散也速；嗜书者千万人中仅一二焉，于好为最癖，既为癖好，自不难独聚，然而无好之者继起，则烟云纷乱，又率先珠玉货财而散落人间，思及此，则当谋所以聚之之方矣。

这是鲍廷博在《知不足斋丛书序》中的一段话。作为一个清醒的藏书家，鲍廷博看到了太多的藏书聚散的现实，因此，他不仅乐于与同道中人分享藏书，借阅传抄，而且他校勘刻书，广为流布，他说："乞火莫若取燧，寄汲莫若凿井，惧其书之不能久聚，莫若及吾身而善散之也。"刻书流布，正是体现了他"以散为聚"的藏书理念。

刻书是鲍廷博一生的执念，早在乾隆十年（1745年），十八岁的他就以花韵轩室名刻印了锁冯普撰写的《古今姓汇》（两卷）；乾隆二十一年（1756年），二十九岁的鲍廷博刻印了好友魏之琇《岭云诗钞》（一卷）；其后又刻印了孙承泽《庚子销夏记》、汪元量《湖山类稿》《水云词》、江瓘《名医类案》、朱琰《陶说》等书。最著名的书是鲍廷博参与策划、校勘、资助的青柯亭刻本《聊斋志异》。《聊斋志异》是清初蒲松龄创作的短篇小说集，康乾年间以抄本流传。山东莱阳人赵起杲（1715—1766年），字清曜，号荷村，又号冠峰，他收集了坊间的《聊斋志异》抄本。乾隆二十六年（1761年），赵起杲任杭州总捕同知，结识了藏书家鲍廷博。鲍廷博对《聊斋志异》抄本一见倾心，敏锐地看到了巨大的艺术价值和市场价值，便极力鼓动赵起杲梓刻付印，因各种原因未及实施。乾隆三十年（1765年），赵起杲升任严州知府，着手开展《聊斋志异》的编印，鲍廷博以资襄刻，并协助审定书稿的疑难字句。次年五月，《聊斋志异》刻就十二卷，赵起杲耗尽了全部的积蓄，尚有四卷未刻。不幸的是，乾隆三十一年（1766年）五月十八日，赵起杲猝然去世。鲍廷博在《青本〈聊斋志异〉纪事》中写道："（赵起杲）清俸不足，典质以继之，然竟不克赞成而卒。"历史的使命因此落到了鲍廷博肩上，他校勘并刻印了余下的四卷，使《聊斋志异》得以全璧问世。他还邀请众多名士题词，扩大《聊斋志异》的影响。蒲松龄的《聊斋志异》成为中国文学名著，跻身世界文学之林，实为赵起杲、鲍廷博千秋之功。

乾隆三十八年（1773年），鲍廷博向四库全书馆进呈藏书后，获得朝廷褒奖，声名鹊起，他开始有目的、有计划地辑刻书籍了，那就是著名的"知不足斋丛书"。乾隆四十一年（1776年）十一月，鲍廷博自撰《知不足斋丛书序》，表其心志，明其思想，他说："自时厥后，远近朋好，常以异本相投，而剞劂之资，将伯有助，以接续于无已，后有好者，亦复踵而行之，庶几古人之精神聚而不散，使天地人物古今不易之定理，矫然而破其一成之例，岂不快哉！"他又制定《凡例》八则，明确了《知不足斋丛书》的收录范围、收录标准、文字校勘、刊刻样式及资金筹划等辑刻规范。是年，《知不足斋丛书》第一集问世，"是编以八册为一函，以一函为一集"，冠于第一集之首的便是乾隆皇帝御览并题诗的《唐阙史》。

选题珍稀、校雠精审、刻印精良的《知不足斋丛书》一集又一集地辑刻发行，深受清代读书界、藏书界的喜爱，好评如潮，誉满士林。

随着时间的推移，鲍廷博的知名度越来越高，应酬也越来越多，已严重影响他潜心学问、校勘刻书，尤其是在他父母相继去世后。当时的乌青两镇，一水相隔，乌镇隶属湖州府乌程县，青镇则是嘉兴府桐乡县所辖。鲍廷博的父母安葬于乌程县某乡，鲍廷博为能陪侍在父母坟茔左右，且有一处"无酬应之繁"的清静地，便"卜宅桐溪"，经过多年往返搬迁，鲍廷博决定定居桐乡县青镇杨树湾。赵学敏在《知不足斋丛书序》（第十二集）注云："先生于甲辰岁移家槜李。"甲辰岁，即乾隆四十九年（1784年）；槜李，乃嘉兴古称，而桐乡县为槜李故地。那一年，鲍廷博五十七岁。

　　鲍廷博对大运河穿境而过的桐乡是十分熟悉的。桐乡县柞溪这个地方，处在运河之畔，明代以来冶业发达，故柞溪又称"冶塘"。鲍家世业冶坊，或许还存在业务往来，因此，鲍廷博经常往来于此。在运河北岸的金牛塘（别称秀溪、绣溪）筑有绣溪寓舍，在乾隆三十一年至乾隆三十二年间，鲍廷博在绣溪寓舍抄录过李心传《建炎以来朝野杂记甲集》。此后若干年间，鲍廷博时常暂住绣溪，留下了许多校勘记录，如乾隆三十六年三月至乾隆三十七年五月，鲍廷博校勘《三朝北盟会编》（二百五十卷）时，密集出现"校于绣溪寓舍"的记录。

　　鲍廷博在桐石两县结识了许多名士，如画家方薰、藏书家金德舆、文学家赵怀玉、藏书家顾修等人，而他的徽州同乡、藏书家吴骞就在相邻桐乡的海宁小桐溪（新仓里）。

　　于今思之，鲍廷博于乾隆三十一年首次出现在绣溪时，应是与他的父亲或母亲去世有关。清代藏书家翁广平在《鲍渌饮传》中写道："先生壮岁，父母相继卒于杭，乃卜葬于湖州乌程县某乡，后迁居桐乡县之乌青戍，今为桐乡人也。"乾隆三十一年，鲍廷博三十九岁，正是"壮岁"之时。他在后来数年间一次次出现在绣溪，最主要的行程当是营葬父母或祭扫坟茔。作为一位手不释卷的学人，鲍廷博一有空闲便抄书、校书，一寸光阴一寸金，从不浪费每一分钟时间。他是一位孝子，常在杭州至绣溪间往返，既旅途劳顿，又耗时费力，经过十多年的周折，最终从繁华都市移家至僻静乡村——这个北去运河十来里的村庄，与他父母的坟茔相距不远，往来便捷。

青镇杨树湾之知不足斋，开启了鲍廷博晚年的书香生活。"其斋去镇四五里，于将行之日造焉。村落几家，绿水环门，青山入牖，桑麻竹树，弥望一色，真读书耕隐之所也"（黄廷鉴《读知不足斋赐书图记》）。

三

隐于青镇乡野的知不足斋，成为浙北平原藏书、刻书的中心。江浙名士舟行运河，喜欢往访杨树湾的鲍廷博。而鲍廷博校刻书籍之余，往来苏杭各地，不断访友、寻书、抄书，沉浸其中，不亦乐乎。

乾隆五十六年（1791年）冬，知不足斋不幸失火，鲍廷博好友赵怀玉后来写道："……以文家失火，所藏梨枣半付六丁。"知不足斋中刻书的藏版损失了一半，许多藏书也付之一炬，这让鲍廷博极为痛心。然而，六十四岁的他依然不放弃他钟爱的藏书、刻书事业，更加频繁地外出访书、抄书。

嘉庆四年（1799年）冬，七十二岁的鲍廷博为了购买一部金刻本《中州集》，已许银十二金，但持书人还要加价，鲍廷博冒着大雪天气，从杨树湾泛舟赶往杭州洽购。时至夜半，刮起大风，运河中的这叶小舟数次发生倾覆之危，幸经船工力挽狂澜，最终安然无恙。风雪运河的这场惊心遭遇，使鲍廷博感慨不已，对持书人说："吾身子尚不免，何况身外物，此书毋使诸失所也。"但鲍氏最终未能收购成功，后来持

川流不息的运河 / 沈净摄

书人将这本《中州集》售给了苏州学者、著名藏书家黄丕烈。

萧山藏书家汪辉祖是名闻海内的"绍兴师爷"，向与鲍廷博交好。他说鲍廷博"性畏江行，北不渡扬子，东不渡钱塘"，然而，从嘉庆五年至嘉庆十一年，鲍廷博五次渡过钱塘江往访汪辉祖，那时他在七十三岁至七十九岁之间，古稀之年如此奔波，既是为书事而去，也是他珍视与汪辉祖四十多年的友情。直至今天，依然令人感怀不已。嘉庆十六年（1811年）春，八十四岁的鲍廷博北渡扬子江，前往北京，于厂肆书坊购得《汴都遗闻》（一卷）附《兴龙节集英殿教坊词》（一卷），耄耋老人千里跋涉，只为一腔爱书之情。

远在京师的嘉庆皇帝没有忘记江南鲍氏的知不足斋，嘉庆元年（1796年），皇宫内廷建了"知不足斋"，嘉庆皇帝赋诗一首纪其事：

> 斋名沿鲍氏，阙史御题诗。集书若不足，千文以序推。
> 予别有所会，萦心维邦基。寰区至广大，焉能物无遗？
> 不足志最众，抚字须真知。既知亟拯救，饱暖渐可期。
> 民足君始足，民艰君道亏。一夫不得所，吾之责奚辞？
> 譬之舟寄水，浮沉寄安危。凛训爱庶姓，念兹复在兹。

嘉庆十八年（1813年）六月，嘉庆皇帝向浙江巡抚方受畴询问鲍廷博所刻《知不足斋丛书》情况，方受畴代进《知不足斋丛书》第二十六集。六月二十五日，嘉庆皇帝谕旨："鲍廷博年逾八旬，好古绩学，老而不倦，著加恩赏给举人，俾其世衍书香，广刊秘籍，亦艺林之胜事也。"

这一年，鲍廷博已八十六岁。这份来自天子的恩宠，固然是无比荣耀的，但是来得太迟了。

当时鲍家是否还在经营冶坊、盐业不得而知，或者早已放弃了，而鲍廷博专注于藏书、刻书，家境逐渐陷入困顿是一个不争的事实。嘉庆十一年（1806年）春，鲍廷博年老患病，为了买参治病，他把家藏的明代抄本《嵇康集》、残本《元朝秘史》、元刻《契丹国志》、活字本《范石湖集》斥卖给了苏州黄丕烈，黄丕烈还赠给他番饼四十枚。到了孟夏，鲍廷博又散出毛抄本《宾退录》、毛抄《蘋洲渔笛谱》、沈彤过录的惠士奇、惠栋父子校阅本《逸周书》。对于嗜书如命的藏书家而言，出售珍本以维持生计，可见其窘迫的经济状况。当然，鲍廷博还有更重要的使命，就是继续刻印《知不足斋丛书》，这需要巨大的经济投入。刻印一部书成本有多高？嘉庆五年（1800年）十月，鲍廷博探访萧山汪辉祖，两人谈了刻书价格上涨的情况。汪辉祖说每百字版片写刻共制钱达到了八十文，还很少有人愿意承揽。鲍廷博告诉他杭苏两地写刻工钱已是一百一十文。从中可窥刻书成本之一斑。且写刻工价每年都要上涨，还有雕版、宣纸、印工、装帧等投入，若没有财力的支撑，是无法刻印成书的。然而，鲍廷博在日益艰难的境况中，依然没有放弃刻书事业，不惜出售所藏善本，筹集刻书资金。

嘉庆皇帝加恩赏给鲍廷博举人那一年，鲍廷博正贫病交加，鬻书度日。他偕友往访嘉兴藏书家戴光曾时，不禁叹道："生平以书为命，今开卷辄忘，精神不能检束，藏书已散，不复向此中讨生活矣。"作为相交二十余年的朋友，戴光曾听了酸楚不已。是年腊月二十四日，鲍廷博致书海盐武原人、金石篆刻书画家张燕昌，诉其家境之窘状，因一时无力支付所欠纸商款项，不得不在年关避债至乌镇。

英雄末路，悲哀莫名。然而，鲍廷博在答谢嘉庆皇帝的《恭纪》中依然如是写道：

　　　臣今年犬马之齿八十有六，沐浴于高天厚地之中，精力尚可

《知不足斋丛书》第一集书影（长塘鲍氏开雕）

支持，惟有研朱滴露，以度余年而已。又时时告诫臣子臣孙讲贯服习，订谬正伪，以冀不负上谕"世衍书香，广刊秘籍"之意，庶可仰答渐摩乐育之至教于万一云。

在这则文字中，我感受到的是一介书生悲壮的情怀。

嘉庆十九年（1814年）八月十三日，八十七岁的鲍廷博因患心痛症而去世。在此之前的日月里，他仍在不断地抄书、校刻、访友，《知不足斋丛书》第二十七集亦即将刻成。一直到生命的最后一刻，他犹情寄书林，临终前命长子士恭续刻《知不足斋丛书》。鲍士恭不负父愿，刻印了《知不足斋丛书》第二十八集、第二十九集、第三十集。

乾隆皇帝所赐《古今图书集成》一直珍藏在青镇杨树湾的知不足斋，鲍氏子孙相与守护，因地处偏僻，未遭兵燹，得以保全。而杭州文澜阁惨罹咸同战火，御赐《古今图书集成》无存。光绪六年（1880年）文澜阁修复，青镇名士严辰与鲍廷博曾孙鲍寅商量将此书缴呈文澜阁，"以资宝守"，并请官府酌给书价千金，以恤鲍氏。

鲍寅是一位热心社会公益的乡贤，"君承其家风，于书籍版本源流颇能识别，谙习吾乡风俗，故名门巨室每有庆吊事，必聘君为主持"，严辰如是说道。他在同治四年（1865年）创办立志书院时，聘请鲍寅为司事。二十余年间，鲍寅兢兢业业，精心料理书院诸事。约在光绪十二年（1886年），鲍寅不幸去世，严辰撰长联以挽之：

三十集丛书，承祖德何居乎，归赐籍于文澜，送遗编于学海，要不令整签鲍橐，可称善继家风，叹而今花韵乏传人，从此夕阳无影；

廿二年义举，赖君襄其大者，聚青衿以乐育，保赤子以诚求，无非仗下笔春蚕，乃得毋隳我事，怅尔后箫云成独立，那堪旧雨不来。

至此，有清一代名扬海内外的鲍氏知不足斋落下了帷幕。

鲍廷博遗有《花韵轩咏物诗存》，嘉庆十年（1805年）阮元撰序，第一首为《书香》：

> 重帷深下暗下饶，班氏传来一脉遥。
> 阆苑芳随红杏拆，月宫寒带桂花飘。
> 子孙能读留应久，笔研微沾洗不消。
> 别有清芬染襟袂，还应亲侍紫宸朝。

爱书人之痴迷，就在于那一脉书香，不仅"腹有诗书气自华"，而且"别有清芬染襟袂"。鲍廷博终其一生痴迷于书，纵然贫病终老，亦无怨无悔。

1. 《鹖冠子校注》，黄怀信撰，中华书局2014年版

2. 《良渚》，良渚博物馆、良渚研究院组编，东南大学出版社2020年版

3. 《桐乡罗家角遗址考古略谈》，张梅坤，《湖州师范学院学报》1981年第2期

4. 《浙江桐乡普安桥遗址发掘简报》，赵辉，芮国耀，《文物》1998年第4期

5. 《文明留痕》，周伟民著，浙江人民出版社2012年版

6. 《桐乡运河文化》，桐乡市政协文史资料委员会编，台海出版社2006年版

7. 《运河明珠嘉兴》，嘉兴市政协学习和文史资料委员会印行，2012年版

8. 《茗溪运河志》，茗溪运河志编纂委员会编，中国水利水电出版社2010年版

9. 《至元嘉禾志》，（元）徐硕纂，嘉兴市地方志办编校，上海古籍出版社2010年版

10. 弘治《嘉兴府志》，（明）柳琰纂修，上海图书馆藏本

11. 光绪《嘉兴府志》，（清）许瑶光等修、吴仰贤等纂，清光绪五年（1879年）重印本

12. 民国《嘉兴新志》，（民国）阎幼甫修、陆志鸿等纂，民国十八年（1929年）刊本

13. 道光《石门县志》，（清）耿维祜辑，桐乡市档案馆（史志研究室）编，中华书局2019年版

14. 《石门县志》，（清）余丽元主修，徐树民、俞尚曦点校，中华书局2016年版

15. 康熙《桐乡县志》，（清）徐秉元重修，（清）仲弘道编辑，兰雪堂捐刻本

16. 《光绪桐乡县志》，（清）严辰纂修，徐树民、俞尚曦、郁震宏点校，中华书局2013年版

17. 《濮院志》，夏辛铭修，徐树民、俞尚曦点校，中华书局2018年版

18. 《桐乡县志》，马新正主编，上海书店出版社1996年版

19. 《崇福镇志》，崇福镇志编纂委员会编，中华书局2013年版

20. 《石门镇志》，石门镇镇志编纂委员会编，方志出版社2002年版

21. 《乌镇志》，浙江省桐乡市乌镇志编纂委员会编，方志出版社2017年版

22. 《浙江省桐乡县地名志》，桐乡县地名办公室印行，1989年版

23. 《陈与义年谱》，白敦仁著，中华书局1983年版

24. 《简斋集》，（宋）陈与义撰，中国书店2018年版

25. 《吕留良诗文选》，徐正主编，浙江古籍出版社2009年版

26. 《吴之振诗选》（桐乡文史资料第26辑），桐乡市政协文教卫体与文史资料委员会编，2007年版

27. 《宋诗钞》，（清）吴之振、吕留良、吴自牧编，中华书局1984年版

28. 《鲍廷博年谱长编》，刘尚恒著，国家图书馆出版社2017年版

29. 《古今诗人咏桐乡》，周易、张森生编注，当代中国出版社2003年版

30. 《梧桐乡是凤凰家》，张森生著，夏春锦主编，华文出版社2020年版

31. 《崇德历史人物剪影》，沈惠金著，团结出版社2022年版

京杭大运河穿境而过的桐乡，乃梧桐之乡。"其土广而坟，无高山大谷之深阻，所植多嘉树美箭。旧说有梧桐盛大，凤凰常集其上，故乡以名。"元代至正年间，坐馆濮家的江南文坛领袖杨维桢在其《桐香室记》中如是写道。当时濮院这个地方，以庙桥河为界，北为嘉兴县永乐市，南则崇德县梧桐乡，这是宋元时期形成的辖地格局。而杨维桢所描述的梧桐乡地形地貌及其凤凰云集的古老传说，就是今日桐乡的现实写照。

梧桐茂兮，凤凰来栖。桐乡大地，自古以来钟灵毓秀。在遥远的时光长河中，我最关注、最感兴趣的是吾邑之人文历史，这是先贤们辛勤劳作与智慧创造的结晶。因此，对于历史典籍中的他们——无论是鸿儒还是学人，无论是官宦还是乡绅，凡是做出过文化贡献的人，我的内心总是充满了无限的敬意，他们是梧桐树上的金凤凰，也是风雅桐乡的深远源流。

明代张居正说："根本固者，华实必茂；源流深者，光澜必章。"走读罗家角遗址，与"桐乡第一人"默默对话，感受七千年前新石器时期桐乡先民的生活场景；寻访新地里遗址，从一座座墓葬中出土的文物中，领略五千年前良渚文化对桐乡大地的深刻影响。我想，对于脚下这方热土而言，这才是慎终追远的根本。一代又一代先人胼手胝足，繁衍生息，开枝散叶，从远古岁月走到了当今盛世，一路行来，栉风沐雨，艰难与磨砺交织，奋斗与辉煌并存。

在浩如烟海的古籍中，面对清代绘制的石门县学宫图、桐乡县学宫图，努力追寻古代官方办学的历史，结合时代变迁描述县学的兴衰起伏，搜索恍如昨日的动人故事；宋元明清时期运河两岸的书院，大都由民间绅士发起，官方资助支持，其办学际遇总是悲喜交加，到如今都成了珍贵的文化记忆。官学、书院，包括大量的民间私塾，是中国古代教育的组成部分，倾注了无数先贤的心血，今天的我们怎能遗忘这薪火相传的历史！

桐乡向为鱼米之乡、丝绸之府，这片安静而又富饶的吴越故地，宜居宜憩，是万千俊杰的精神后花园。南朝梁时，昭明太子萧统随同老师沈约在乌镇读书，这个曾经蹦跳在乌青两镇青石板街道上的少年，后来编选了我国古代重要的诗文总集《昭明文选》；两宋之际的著名诗人陈与义择青镇而居，"一路繁花相送过青墩"，其欢畅无比的心情跃然纸上；元末乱世，一代大儒宋濂在濮院镇双贤桥畔的读书台读书治学，并留下了一组脍炙人口的《濮川八景诗》；明代大儒王阳明因为父亲坐馆大麻，少儿时代在此读书，水乡的天空回荡着他天真无邪的欢声笑语……时移世易，他们的足迹仍在，诗文犹存。每当想起，先贤们的非凡风采、音容笑貌便浮现在眼前——他们来过，从未离去。

明清时期的桐乡涌现了许多著名的藏书家、刻书家，尤其是清代吕氏天盖楼、吴氏鉴古堂、汪氏裘杼楼、金氏文瑞楼与桐华馆、鲍氏知不足斋、顾氏读画斋等，不仅藏书宏富，而且校勘出版了一大批影响巨大、惠泽后学的书籍。可以毫不夸张地说一句：清代的桐乡一地是中国文化与学术的一方重镇。

沉浸在历史深处，故人往事中的细节常常叩动我的心灵，深陷其中，故以史为本，通过随笔的方式叙述那些人、那些事，试图揭示梧桐之乡的人文脉络、人文积淀。

必须感谢我们的母亲河！千百年来，大运河日夜流淌，不仅滋养两岸大地，使其草丰林茂，鱼肥米香，而且交通便利，引来群贤，风华绝代。因此，桐乡境内崇文重教，文脉相承，弦歌不辍。清代有张履祥、辅广先后入祀孔庙，一小邑两大儒，这在杭嘉湖地区是绝无仅有的荣耀；现代有茅盾、丰子恺站立在中国文艺舞台的中心，陆费逵创立中华书局而成为出版巨擘；当代有作家、画家木心，以其杰出的才华享誉海内外文艺界。

"凤凰于飞，翙翙其羽，亦集爰止。"这是《诗经·卷阿》中的诗句，多美的意象，多好的寓意！一只又一只金凤凰飞来梧桐之乡，梧桐之乡又不断地诞生出一只又一只金凤凰。

回到元代杨维桢的《桐香室记》，这是从《四库全书·东维子集》中复印出来的，纸张已发黄，但是蕴含其中的情怀依然强烈。杨维桢撰写之《桐香室记》，距今已六百七十多年了，然而，我只要展卷阅读，就仿佛看到满腹经纶的铁崖先生正端坐在濮家大院的桐香室，悉心教授弟子。我想，"桐香"两字一定激发了他的灵感，故以梧桐树比喻有德之君子，"根益深，荫益大，香益远"，欣然命笔，写下了这则颂辞：

> 梧桐生矣，在濮之阳。桐之香只，翳凤之翔。翳凤之翔，维君子之乡。
>
> 梧桐培只，在濮之除。桐之香只，伊德之符。伊德之符，维

君子之居。

京杭大运河畔的梧桐之乡，美好如斯，风雅如斯！

王　立

于癸卯三月